齐鲁圣贤语录

马新主编

孔子语录

马新 校潇 编著

山东大学出版社

图书在版编目(CIP)数据

孔子语录/马新,校潇编著.—济南:山东大学出版社,2016.3
(齐鲁圣贤语录/马新主编)
ISBN 978-7-5607-5521-2

Ⅰ.①孔… Ⅱ.①马… ②校… Ⅲ.①孔丘(前551~前479)—语录 Ⅳ.①B222.2

中国版本图书馆CIP数据核字(2016)第066590号

责任编辑:马银川
封面设计:牛 钧

出版发行:山东大学出版社
社 址 山东省济南市山大南路20号
邮 编 250100
电 话 市场部(0531)88364466
经 销:山东省新华书店
印 刷:山东华鑫天成印刷有限公司
规 格:850毫米×1168毫米 1/32
8.75印张 146千字
版 次:2016年3月第1版
印 次:2016年3月第1次印刷
定 价:22.00元

本书系山东省古籍整理项目“齐鲁文化经典研究”、齐鲁文化名家立项课题“走进齐鲁经典文化”结项成果

《齐鲁圣贤语录》课题组

课题组负责人　马　新

课 题 组 成 员　（以姓氏笔画为序）

马　新　马德青　王玉喜　巩宝平

刘厚琴　李吉东　李学娟　吴　云

陈以凤　校　潇　郭　浩　郭海燕

总序

所谓语录，就是对圣贤哲人言论的撷录。或只言片语，或精妙短论，虽为吉光片羽，但无一不是其思想之精华，足以让我们走近圣哲，与之对话，聆听教诲。这套《齐鲁圣贤语录》，就是对春秋战国时代齐鲁圣贤言论的撷录。

齐鲁之邦，钟灵毓秀，圣贤辈出。自齐太公姜尚以来，生于斯、活跃于斯者粲然可观。春秋时代，有管子、孔子、晏子、孙子；战国时代，有孟子、庄子、荀子、孙膑，还有吴起、公孙衍、许行、慎到、扁鹊、甘德，等等，不一而足。秦汉以后，至于近代，同样是代不乏人。但影响最为深远的还是春秋战国时代的齐鲁圣贤哲人。因此，我们首先从其中寻找有较为完整的传世之作者，采撷其言论，汇为一编。计有《孔子语录》《管子语录》《晏子语录》

《孙子孙膑语录》《荀子语录》《墨子语录》《孟子语录》《庄子语录》,共八册。

对于先人言论的重视是中国自古以来的传统,西周、春秋时代史官的分工就是“左史记言,右史记事”。弟子后学对其先师达人的言论也格外珍视。因而,在圣哲们的传世著作中,大部分内容是弟子及后人对其言论的汇集,实际上就是一部言论集。这就为我们的工作提供了莫大的便利。在选取时,我们以其最具代表性的著作为底本,着重披选;将散见于其他著作或典籍的言论作为补充,亦酌情录入。如《孔子语录》主要选自《论语》,同时又从《礼记》《庄子》《韩非子》《孟子》《孔子家语》等典籍中录出一部分,共成一册。

齐鲁圣哲虽是齐鲁文化名人,但又不单纯是地域性名人,因为他们同时还是诸子百家的代表人物。长期以来,他们一直高居神殿之上,有着神圣的光环,诸如“至圣”“亚圣”“兵圣”……让人难以接近。历朝历代的学问家们为之作注、作解者不计其数,但几乎都是高深的义理之疏,寻求的是其中的微言大义。我们这套《语录》则是反其道而行之,重在寻找圣贤哲人的言论中那些至今依然光彩四溢,让人爱不释手、随时受用者,让圣哲们深邃的哲理走出殿堂,成为大众的良师益友。因而,我们注重选取那些至今仍有活力、朗朗上口者,千百年来脍炙人口的名言警句则优先选入。对所选语录只进行难

字难词的简要注释，并配以今译，不再进行引经据典式的层层疏解，以便于读者去除屏障，直接与圣哲们对话。

这套《语录》是我们为中国传统文化的传承与普及做的初步尝试，也是向齐鲁圣贤哲人的致敬之作。囿于水平与学识，粗疏之处，在所难免，敬请广大读者不吝赐教。

马　新

2016年2月于山东大学高阁书斋

前言

孔子（前 551～前 479 年），名丘，字仲尼，春秋鲁国陬邑（今山东曲阜东南）人。孔子的祖先本是宋国贵族，因避乱逃至鲁国；父亲孔纥，为鲁国大夫，在孔子三岁时即死去。孔子幼年丧父，又失去了贵族地位，经受过贫贱的磨难，且生活在文化气氛浓厚的鲁国，故十五岁时就坚定了学习志向，决心追求仁和道。二十岁后，曾做过相礼（司礼）、委吏（管理仓库）和乘田（主管畜牧）之类的小官。三十岁左右，他打破学在官府的传统，首开私人讲学的途径，实行"有教无类"的教学原则，广招学生，使一大批下层平民可以受到教育，进而踏入仕途，这是有进步意义的大事。孔子一生主要从事聚徒讲学和古籍整理，据说他门下有弟子三千，其中贤达者七十二位。

孔子在四十七岁时，曾任鲁国的中都宰（中都即今

山东省汶上县一带，宰为地方长官），后又升任司空（主管工程建筑）、司寇（主管司法）。五十四岁时，他因对鲁国执政者季桓子和鲁定公所为不满，离开鲁国，带领一批弟子，周游了卫、曹、宋、郑、陈、蔡、楚等七国，长达十四年。晚年他回到鲁国，致力于文化教育工作，整理了《诗》《书》《礼》《易》等古代文献，并把鲁国史官所记《春秋》加以删修，整理成我国第一部编年体史著。其弟子及其再传弟子把孔子及其弟子的言行和思想记录下来，整理成著名的儒家经典《论语》。所以，孔子又是古代杰出的历史学家和古典文献专家，对保存、整理古代文化遗产做出了不容抹杀的伟大贡献。七十三岁时，孔子逝世。

虽然孔子在政治上很不得志，一生奔波，但他为后世留下了丰厚的文化遗产，对中国社会产生了深远的影响。

在哲学方面，孔子具有独特的建树。他在当时巫鬼信仰十分旺盛的时代，对鬼神采取了比较谨慎的态度，"不语怪、力、乱、神"，主张"敬鬼神而远之"，宣扬原始无神论和人本主义思想。他肯定人的主观能动性，赞扬"进而不止"的精神。比如他认为齐桓公九合诸侯，不以兵车，靠的是人（管仲）的力量。在认识论上，他肯定世界是可知的，把认识过程分为"多闻""多见"和"择善""识之"两个阶段，坚持认识的客观性，主张"毋意，毋必，毋固，毋我"，强调"行"在认识中的作用，坚信"言之必可

行”。在方法论上，他肯定世界万物都像“不舍昼夜”奔流的河水一样永恒地运动着；认为“不知”与“知”是对立的，但又可以互相转化，即“不知为不知，是知也”，同样，“不善”与“不贤”也可以转化为“善”“贤”，条件是“不善者而改之”“见不贤而内自省”。

在教育方面，孔子提出许多有价值的主张。他倡导“有教无类”，对教育对象不加限制，打破了长期以来教育由贵族垄断的局面，扩大了教育对象的范围。他提倡“好学”，要做到“学而不厌”，学无常师，认为“三人行，必有我师”，要虚心向人学习，做到“每事问”，甚至“不耻下问”；他承认有所谓“生而知之”的天才，但特别强调学习的重要性，肯定人们可以借助学习与教育而掌握知识、施展潜能，具有温和的理性主义色彩。他指出，对新旧知识不能割裂，而要“温故而知新”“学而时习之”；主张学习知识和善于思索要结合起来，“学而不思则罔，思而不学则殆”，而且在学与思的过程中，要坚持实事求是，“知之为知之，不知为不知”。他还提出因材施教、循循善诱、身体力行、多闻阙疑等教学方法，主张要善于启发学生独立思考，学会举一反三，即“不愤不启，不悱不发，举一隅不以三隅反，则不复也”。他还宣扬理论与实际相结合的思想，主张以实践的效果作为检验学习成绩的标准。如他说：“诵《诗》三百，授之以政，不达；使于四方，不能专对；虽多，亦奚以为？”这些思想对我们今天仍

有一定的借鉴意义。

在政治方面，孔子提出种种政治主张。他力倡“为政以德”，对老百姓要“道之以德，齐之以礼”，反对虐民苛政，断言“不教而杀谓之虐”，对百姓要做到“胜残去杀”，“宽则得众”，“惠则足以使人”。他主张使民富庶，反对过重剥削，应做到“节用而爱人，使民以时”；统治者要“因民之所利而利之”，“博施于民而能济众”等，使百姓安、足、富，然后“教之”。在用人上，主张举贤才，要“先有司，赦小过，举贤才”，要“不以言举人，不以人废言”；认为评价人要“听其言而观其行”，要求人们“讷于言而敏于行”，“先行其言，而后从之”。他反对用暴力去压服少数民族，主张用“文德”去感化，即所谓“远人不服，则修文德以来之”。通过上述措施，使得人民、国家“和无寡，安无倾”。

在伦理思想方面，孔子提出了“仁”的学说，认为“仁”就是“爱人”，体现了深刻的人文情怀。在处理人际关系上，他强调人我互相尊重，要“己所不欲，勿施于人”，“己欲立而立人，己欲达而达人”，以达到“四海之内皆兄弟”的境界；他还向统治者提出了“修己”“正身”的要求，要求统治者“修己以安人”，“修己以安百姓”，因为“其身正，不令而行；其身不正，虽令不从”。他还十分重视人的志向与道德的培养。他说：“三军可夺帅也，匹夫不可夺志也。”“不义而富且贵，于我如浮云。”“人而无

信，不知其可。”相信德行修养是人人可以达成的目标，并且因此可以活得快乐而有意义。

当然，孔子的思想精华远不止此，他对中国传统社会的影响无人能及。朱熹曾说过：“天不生仲尼，万古长如夜。”孔子创立的儒家思想经改造后被历代王朝奉为圭臬，尊为统治思想；孔子也被后世尊为“孔圣”“至圣”“圣先师”“万世师表”“文宣皇帝”“文宣王”等；世界各地都有孔庙祭祀孔子，孔子居世界十大文化名人之首。孔子思想即使在今天，仍有其不可替代的思想精华，值得我们学习和领悟。

为了给广大读者提供一个可信可行的门径，使更多的读者越过这千百年的“万仞宫墙”而信步其中，更准确地撷取两千年前孔子思想的要义，笔者汇辑了这本《孔子语录》。主要选取《论语》以及春秋战国至汉代时期文献典籍中的孔子之言，其中很多妙语警句，脍炙人口，简练明快，哲思睿理，寓意深刻，历千百年而不衰。由于孔子语录为两千多年前的古文，典雅但不易懂，故此我们将语录大致按类分篇，并在语录原文之下设有注释和译文，以使读者更好地了解孔子思想的本意。不当之处，请广大读者不吝赐教。

马 新

2015年3月于山大高阁书斋

目录

修身篇

概述

修身是指对自身的道德约束和道德养成。它的实现途径是克己与自省，实际上是一个长期与自己的不良习惯和薄弱意志作斗争的过程。它的社会意义在于匡正与引领，通过自身修养的完善，将美善的人格放大到家庭、国家以至天下。因而，“修身、齐家、治国、平天下”，是儒家的人生价值体现，更是几千年来无数知识分子追求的理想境界。“修、齐、治、平”四者的关系，如《礼记·大学》所言：“身修而后家齐，家齐而后国治，国治而后天下平。”可见，修身是“修、齐、治、平”的第一步，是孔子人生哲学的核心。其意思简单地说，就是修养身心，涵养德性，不断地完善自己，方言矩行，循道不违。

学而时习之①，不亦说乎②？有朋③自远方来，不亦乐乎？人不知而不愠④，不亦君子⑤乎？

（《论语·学而》）

注释

①学而时习之：学习之后再时常温习、实践。时，时时、时常。习，温习、练习或实践。

②不亦说(yuè)乎：不也很愉快吗？不亦……乎，即“不也……吗？”说，同“悦”，高兴、愉快。

③朋：朋友，同门为朋，也指志同道合者。

④人不知而不愠(yùn)：别人不了解我，我也不怨恨。知，了解、理解。愠，怨恨、恼怒。

⑤君子：古代的君子有时指贵族及做官的人，有时指道德高尚、品行兼优的人，此处“君子”指后者。

译文

学习之后再时常温习、实践，不也很愉快吗？朋友从远方而来，不也令人高兴吗？别人不了解自己也不怨恨，不也很有君子风度吗？

弟子[1]入则孝，出则弟[2]，谨而信，泛爱众[3]，而亲仁[4]。行有余力[5]，则以学文[6]。

（《论语·学而》）

注释

①弟子：一般有两层意思，一是指年纪幼小的人，二是指学生。此处为第一层意思。

②弟(tì)：通“悌”，敬爱兄长。

③泛爱众：博爱大众。泛，广泛。

④而亲仁：同时亲近有仁德的人。而，连词，表示并列，同时。仁，这里指有“仁德”的人。

⑤行有余力：这样实行了，还有富余的精力。

⑥学文：指学习《诗》《书》《礼》《乐》及典章制度等方面的知识。

译文

后生少年，在家要孝顺父母，出门要顺从师长，言行谨慎而诚实，博爱大众，亲近有仁德的人。这些都做到了，还有富余的精力，就用来学习文化知识。

不患[1]人之不己知[2]，患不知人也。

（《论语·学而》）

注释

①患:忧虑、担心。

②不已知:是“不知己”的倒装。

译文

不要担忧别人不了解自己,应担忧自己不了解别人。

吾十有五[①]而志于学,三十而立[②],四十而不惑[③],五十而知天命[④],六十而耳顺[⑤],七十而从心所欲[⑥],不逾矩[⑦]。

(《论语·为政》)

注释

①十有五:即“十五”。有,即“又”。

②立:立身、自立,指能独立地处世立身。

③惑:迷惑、疑惑。

④天命:上天的意志,又指人们的命运。

⑤耳顺:指能听出他人言语中的是非,能容得下各种毁誉,即有主见。后以“耳顺”为六十岁的代称。

⑥从心所欲:即随心所欲,想干什么就干什么。

⑦不逾(yú)矩:不超越礼法规矩。逾,超越、超出。矩,规矩、规则、法度。

译文

我十五岁便立志于学问，三十岁能独立地处世立身，四十岁能明达人情世故而不再迷惑，五十岁能悟透命运而顺应天道，六十岁能明辨是非而容逆耳之言，七十岁能随心所欲，但又不超越礼法规矩。

视其所以①，观其所由②，察其所安③。人焉④廋⑤哉？人焉廋哉？

（《论语·为政》）

注释

①以：原因、根据。这里指言行的动机。

②由：经由的道路。此处指做事的方法或手段。

③安：满足、安心。此指满足、安心于什么。

④焉：如何、怎么。

⑤廋（sōu）：隐藏、隐瞒。

译文

了解一个人，要看他言行的动机，观察他做事的方法和手段，了解他安于怎样的状态。一个人的品行，怎么能隐藏得住呢？有谁能隐藏得了呢？

富与贵，是人之所欲也，不以其道[①]得之，不处[②]也。贫与贱，是人之所恶也，不以其道得之[③]，不去也。

（《论语·里仁》）

〈注释〉

①道：道义、正当。

②处：接受。

③得之：此指得以摆脱贫贱。

〈译文〉

富贵人人心向往之，但不用正当的方法得来的，我们不接受。贫贱是人人所厌恶的，但不用正当的方法摆脱它，我们也不摆脱。

放[①]于利而行，多怨。

（《论语·里仁》）

〈注释〉

①放（fǎng）：通“仿”，效法，引申为追求。

〈译文〉

为追求私利而行，必会招致许多怨恨。

不患[1]无位，患所以立[2]。不患莫己知，求为可知也。

（《论语·里仁》）

〈注释〉

①患：怕、忧虑。

②立：在社会中立身，站得住。《论语》中的“三十而立”“不学礼，无以立”，均为此义。

〈译文〉

不怕没有地位，就怕自己无法立身。不怕没有人了解自己，只求自己成为值得别人知道的人。

见贤[1]思齐[2]焉，见不贤而内自省[3]也。

（《论语·里仁》）

〈注释〉

①贤：有道德、有才能的人。

②齐：看齐。

③内自省（xǐng）：从内心里进行自我反省、自我检查。省，反省、检查。

〈译文〉

看到贤人就希望向他看齐,见到不贤的人就自我反省。

以约①失②之者鲜③矣。

(《论语·里仁》)

〈注释〉

①约:约束。

②失:犯错误、有过失。

③鲜(xiǎn):少。

〈译文〉

能自我约束而有过失的人是很少的。

老者安之,朋友信之,少者怀①之。

(《论语·公冶长》)

〈注释〉

①怀:关怀、爱护。

〈译文〉

要使长者安逸,使朋友信任,使年轻人得到关怀。

焉用佞[1]？御人以口给[2]，屡憎于人[3]。

（《论语·公冶长》）

〈注释〉

①焉用佞：何必要能言善辩呢？焉，疑问代词，哪里、怎么。

②御人以口给(jǐ)：即"口给以御人"，用能言善辩对付别人。给，足，此指言辞不穷的意思。口给，指嘴快话多，口才敏捷，善于答辩。御，防御、统治。御人，即控制、应付人。

③屡憎于人：常常会引起别人的憎恶。屡，经常。憎于人，被人憎恶。于，介词，在被动句中引出动作的主动者。

〈译文〉

一个人何必要善辩？用能言善辩去对付别人，常会引起别人的憎恶。

富而[1]可求也，虽执鞭之士[2]，吾亦为之。如不可求，从吾所好。

（《论语·述而》）

〈注释〉

①而：假设连词，含有"如果"的意思。

②执鞭之士:拿着鞭子为人开路、看门者,意即做下等差役的人。

〈译文〉

如果财富合乎道就去追求,就是屈尊为仆,我也愿意。如果财富不合于道就不必追求,还是从事我所爱好的事情。

饭疏食[①]饮水[②],曲肱而枕之[③],乐亦在其中矣。不义而富且贵,于我如浮云。

(《论语·述而》)

〈注释〉

①饭疏食:吃粗粮。饭,动词,吃。疏食,粗粮。

②水:古代常以"汤"和"水"对言。汤,指热水;水,指凉水。

③曲肱(gōng)而枕(zhěn)之:弯着胳膊当枕头。肱,由肩到肘的部分,这里指胳膊。枕,动词,枕着。

〈译文〉

吃粗粮,饮凉水,弯着胳膊当枕头,乐趣也在其中。用不义的手段而得到的富贵,对于我如同过眼烟云。

亡而为有[①],虚而为盈[②],约而为泰[③],

难乎有恒矣④。

(《论语·述而》)

〈注释〉

①亡而为有:没有却假装有。亡,同“无”。而,表示转折,相当于“却”“但是”。

②虚而为盈:空虚却假装充实。盈,满。

③约而为泰:贫穷却假装富裕。约,穷困。泰,用度豪华而不吝惜,宽裕。

④难乎有恒矣:很难有恒心。乎,介词,于、以。

〈译文〉

没有却佯装有,空虚却假装充实,穷困却装作富足,这样的人是难有坚定的操守的。

奢则不孙①,俭则固②。与其不孙也,宁固③。

(《论语·述而》)

〈注释〉

①不孙:不恭顺。孙,同“逊”,谦逊、恭顺。

②固:鄙陋,这里是寒碜的意思。

③与其……宁……:选择连词,比较两方面的利害得失,选取

一方面，舍弃另一方面。“与其”表示舍弃的一面，“宁”表示肯定的一面。

译文

奢侈就会不恭顺，节俭就会寒碜。与其不恭顺，宁可寒碜。

先事后得①，非崇德与？攻其恶②，无攻人之恶，非修慝③与？一朝之忿④，忘其身，以及其亲⑤，非惑与？

（《论语·颜渊》）

注释

①先事后得：做事抢先，赏功居后。事，从事、做事情。得，获得、成功、利益。

②攻其恶(è)：一心检讨、批评他自己的错误。攻，指责、批评。其，代词，表第三人称领属关系，可译为“他(她、它)的”或“他(她、它)们的”。恶，不好、坏，此指过失、错误。

③修慝(tè)：改正邪恶。修，治理，这里为“改正”的意思。慝，邪恶、邪念。

④一朝之忿(fèn)：一时的气愤。忿，气愤、愤怒。

⑤忘其身，以及其亲：不顾自身的名誉安危，以至于连累亲人。忘，舍弃、不顾。身，此指自身的安危等。及，推及、累及。

译文

做事抢先，赏功居后，不就是提高品德了吗？批评自己的缺点，宽恕别人的错误，不就是改正邪恶了吗？由于一时的气愤，便忘记了自己的安危，以至于牵累自己的亲人，这不是迷惑吗？

行己有耻①，使于四方，不辱君命②，可谓士矣。

（《论语·子路》）

注释

①行己有耻：能以羞耻之心约束自己的行为。行己，自己立身行事。

②使于四方，不辱君命：出使国外，不玷辱、辜负君命。

译文

能以羞耻之心约束自己的行为，出使国外，不辜负君命，就可以称为士。

言必信，行必果①，硁硁然②小人③哉！

抑亦可以为次矣。

（《论语·子路》）

注释

①言必信，行必果：说话一定守信用，行为一定要兑现诺言。果，实现、完成。

②硁（kēng）硁然：浅薄而又固执的样子。

③小人：古代有三层意思。一是指人格卑鄙或见识短浅的人；二是指地位低下的人，是当时统治者对劳动者的蔑称；三是古时男子对地位高于自己者或平辈自称的谦词。此处为第一层意思，即见识短浅、境界低的人。

译文

说话一定要守信可靠，做事一定要兑现诺言，这是浅薄固执的小人呀！但也算是次一等的士了。

贫而无怨难，富而无骄易。

（《论语·宪问》）

译文

贫穷而没有怨言，难以做到；富有而不骄横，容易做到。

见利思义，见危授命[1]，久要[2]不忘平生之言[3]，亦可以为成人[4]矣。

（《论语·宪问》）

注释

①授命：献出生命。授，给予。

②要：同“约”，这里为贫穷的意思。

③平生之言：平素的诺言或抱负。平生，平日、平素。

④成人：完美的人。

译文

见到财利而想到道义，见到危难而甘愿献身，久处困境而不忘平生的抱负，这样的人也可以算是完人了。

其言之不怍[1]，则为之也难。

（《论语·宪问》）

注释

①怍(zuò)：惭愧。

译文

如果一个人大言不惭，那么他的话就难以兑现。

不患①人之不己知②，患其③不能也。

（《论语·宪问》）

注释

①患：担心、忧虑。

②不己知："不知己"的倒装。不知道、不了解自己。

③其：指自己。

译文

不担心别人不知道自己，只担心自己没有才能。

不逆诈①，不亿②不信，抑亦③先觉者，是贤乎！

（《论语·宪问》）

注释

①不逆诈：不预先怀疑别人有欺诈行为。逆，预先。

②亿：同"臆"，猜测。

③抑亦：可是、然而。

译文

不要预先怀疑别人欺诈不忠，不要凭空猜测别人不诚实，然而能及早察觉出来别人的欺诈和不诚实，这才是贤人啊！

修己以敬[1]。

修己以安人[2]。

修己以安百姓。修己以安百姓，尧舜其犹病诸[3]！

(《论语·宪问》)

注释

①修己以敬：修身养性，认真严肃地对待工作、生活。以，用来。

②安人：使亲友安乐。人，这里是狭义上的人，指亲族朋友。

③病诸：难以做到呀！病，难，为难，这里指难以做到。诸，相当于“之乎”，可译为“呀”“啊”。

译文

修养自己，严肃认真地工作、生活。

修养自己，使亲友安乐。

修养自己，使百姓安乐。修养自己，使百姓安乐，即便是尧、舜也难以做到呢！

工欲善其事[1]，必先利其器[2]。居是邦

也，事其大夫之贤者，友其士之仁者。

（《论语 · 卫灵公》）

注释

①工欲善其事：工匠想把他的活计做好。工，从事各种手工业技术的工匠。

②必先利其器：首先必须备有得心应手的工具。利，锐利、锋利，此处用作使动词，使……锐利。器，器具、工具。

译文

工匠要想把活计做好，必须先把工具备好。居住在这个国家，就要侍奉大夫中的贤人，交结士中的仁人。

人无远虑，必有近忧。

（《论语 · 卫灵公》）

译文

一个人如果没有长远的打算，一定会有迫身的忧患。

躬自厚①而薄责于人②，则远怨③矣。

（《论语 · 卫灵公》）

注释

①躬自厚:即“躬自厚责”,意思为:多责备自己,严于律己。躬自,自己对自己。

②薄责于人:少责备别人,宽以待人。薄,与“厚”相对,少。

③远怨:避免怨恨或埋怨。

译文

多责备自己而少责备别人,就可避免怨恨了。

不曰“如之何[①],如之何”者,吾末如之何也已矣[②]。

(《论语·卫灵公》)

注释

①如之何:怎么办,指遇事能思考问题,动脑筋。

②吾末如之何也已矣:我也不知道对他怎么办才好啊。末,通“莫”。末如之何,无可奈何,不知如何办。也已矣,复合语气词,相当于现代汉语的“呀”“啊”。

译文

遇事不说“怎么办,怎么办”的人,我也不知道对他怎么办才好。

群居[1]终日，言不及[2]义，好行小慧[3]，难矣哉[4]！

（《论语·卫灵公》）

〈注释〉

①居：坐、处。

②及：涉及。

③好行小慧：喜欢耍弄小聪明。好，喜好。慧，聪明。

④难矣哉：这种人真难办（教导）！

〈译文〉

整日聚集在一起，言谈不合于义，喜欢卖弄小聪明，这种人真难教导啊！

己所不欲，勿施[1]于人。

（《论语·卫灵公》）

〈注释〉

①施：强加。

〈译文〉

自己所不愿意要的，不要强加给别人。

巧言乱德[1]。

(《论语·卫灵公》)

〈注释〉

①乱德:败坏道德。乱,扰乱。

〈译文〉

花言巧语会败坏人的道德。

小不忍,则乱大谋[1]。

(《论语·卫灵公》)

〈注释〉

①大谋:此指大事。谋,计策、谋划。

〈译文〉

小事上不能忍耐包容,就会坏了大事。

众恶之,必察焉;众好之,必察焉。

(《论语·卫灵公》)

〈译文〉

众人都厌恶的人或事,一定要留心观察一番才能决定你是否厌恶;众人都喜欢的人或事,也一定要留心观察一番才能决定你是否喜欢。

过而不改,是谓过矣。

(《论语·卫灵公》)

〈译文〉

有过错而不改正,这才叫过错呢。

益者三友①,损者三友②。友直③,友谅④,友多闻⑤,益矣。友便辟⑥,友善柔⑦,友便佞⑧,损矣。

(《论语·季氏》)

〈注释〉

①益者三友:有益的朋友有三种。

②损者三友:有害的朋友有三种。

③友直:同正直的人交朋友。友,动词,与……交朋友。直,正直,此指正直的人。

④谅：此指诚信的人。

⑤多闻：指见多识广的人。

⑥便(pián)辟：逢迎谄媚、玩弄手腕的人。

⑦善柔：善于矫揉造作、当面恭维的人。

⑧便佞：花言巧语、阿谀逢迎之人。

译文

有益的朋友有三种，有害的朋友也有三种。结交正直的人，结交信诚的人，结交见多识广的人，这是有益的。结交逢迎奸诈的人，结交矫揉造作的人，结交花言巧语的人，这是有害的。

益者三乐，损者三乐。乐节礼乐[①]，乐道人之善，乐多贤友，益矣。乐骄乐[②]，乐佚游[③]，乐宴乐，损矣。

（《论语·季氏》）

注释

①乐(lè)节礼乐(yuè)：以礼乐节制自己为乐。前一个“乐”字为动词，以……为乐；后一个“乐”字为名词，指礼乐。

②乐(lè)骄乐(lè)：以骄奢淫逸、犬马声色为乐。前一个“乐”字为动词，以……为乐；后一个“乐”字为名词，指声色。

③佚(yì)游：游手好闲。佚，同“逸”，安闲、放荡、放纵。游，

游乐、悠闲。

译文

有益的快乐有三种,有害的快乐也有三种。以礼乐节制自己为乐,以论别人的长处为乐,以多交贤友为乐,这是有益的快乐。以骄奢淫逸为乐,以游手好闲为乐,以宴饮美食为乐,这是有害的快乐。

见善如不及①,见不善如探汤②。吾见其人矣,吾闻其语矣。隐居以求其志,行义以达其道。吾闻其语矣,未见其人也。

(《论语·季氏》)

注释

①不及:赶不上。

②探汤:把手伸进沸水里。汤,热水、开水。

译文

看见嘉言善行,就怕赶不上一样去努力追求;看见恶言败行,就像把手伸进沸水里一样迅速避开。我见过这样的人,也听过这样的话。以隐居求得保全自己的志向,以行义贯彻自己的主张。我听过这样的话,但没见过这样的人。

色厉而内荏①，譬诸小人，其犹穿窬之盗②也与！

（《论语·阳货》）

〈注释〉

①色厉而内荏(rěn)：外表严厉而内心怯懦。色，颜色、脸色，这里指外表。厉，严厉、严肃。荏，怯懦、软弱。

②穿窬(yú)之盗：挖洞爬墙的小偷。穿，挖洞。窬，同“逾”，越过、越墙。

〈译文〉

外表严厉而内心怯弱的人，拿小人来作比喻，就像挖洞爬墙的小偷吧！

唯女子与小人为难养①也，近之则不孙②，远之则怨。

（《论语·阳货》）

〈注释〉

①养：生养、教育，这里指共处。

②不孙(xùn)：无礼、不恭顺、不谦逊。孙，同“逊”。

〈译文〉

女子和小人是很难相处的。亲近了,他们就会无礼;疏远了,他们又会埋怨。

巧而好度①必节②,勇而好同③必胜④,知⑤而好谦必贤。

(《荀子·仲尼》)

〈注释〉

①度:法度。

②节:指自我节制。

③同:一同、共同参与。

④胜:成功、胜利。

⑤知:通"智",聪慧。

〈译文〉

灵活而遵崇法度就一定能节制自己,勇敢而善于合作就一定能成功,聪慧而喜好谦逊就一定能成为贤德之人。

善不积,不足以成名;恶不积,不足以灭身。小人以小善为无益而弗为也,以小

恶为无伤而弗去也，故恶积而不可掩[①]，罪大而不可解。

（《周易·系辞下》）

〈注释〉

①掩：遮蔽、掩盖。

〈译文〉

善行不一件件积累，就不能够成就美名；恶行不一件件积累，也不能够毁灭自身。小人认为微小的善事没有益处便不去做，认为微小的恶事没有损害而不规避，所以恶行积聚起来便无法掩盖，罪孽深重便无法解脱。

少成[①]若天性，习贯[②]之为常[③]。

（戴德《大戴礼记·保傅》）

〈注释〉

①少成：指年少时养成的习惯和性格。

②习贯：同"习惯"。

③常：永恒、固定不变。

〈译文〉

年少时养成的习性如天然生成一样，一旦成为习惯，

就不易改变了。

以德报怨，则宽身之仁[①]也。以怨报德，则刑戮之民也。

（《礼记·表记》）

注释

①宽身之仁：宽身，谓胸襟宽广。仁，仁人。

译文

用恩德回报怨恨，是胸襟宽广的仁人。用怨恨回报恩德，是可刑可杀的坏人。

聪明圣知[①]，守之以愚；功被[②]天下，守之以让；勇力抚世[③]，守之以怯；富有四海，守之以谦。此所谓挹[④]而损之之道也。

（《荀子·宥坐》）

注释

①圣知：具有最高智慧。知，通“智”，聪慧、智慧。

②被：覆盖。

③抚世：盖世。

④挹：通“抑”，退。

译文

明智聪慧，要以笨拙来保持；功盖天下，要以退让来保持；勇力无双，要以怯惧来保持；富有四海，要以谦逊来保持。这就是所谓自抑自损的办法。

与善人居，如入兰芷[①]之室，久而不闻其香，则与之化矣；与恶人居，如入鲍鱼[②]之肆[③]，久而不闻其臭，亦与之化矣。故曰丹[④]之所藏者赤，乌[⑤]之所藏者黑。君子慎所藏。

（刘向《说苑·杂言》）

注释

①兰芷（zhǐ）：两种香草名。

②鲍鱼：用盐腌制的咸鱼。

③肆：店铺。

④丹：丹砂、朱砂。一种朱红色的矿物。

⑤乌：黑颜色。

译文

与善良之人相处，就像进入摆满兰芷的房子，时间久

了闻不出香味，这是因为被其熏染、同化了；与邪恶之人相处，就像进了卖咸鱼的店铺，时间久了闻不出臭味，也是因为被其熏染、同化了。所以说，存储丹的地方往往是红色的，储存乌的地方往往是黑色的。君子一定要谨慎选择自己的生活环境。

居而得贤友，福之次也。

（徐幹《中论·贵验》）

译文

赋闲居家仍能得到贤良的朋友，这是居第二位的福气。

审[①]吾所以适[②]人，适人之所以来[③]我也。

（荀况《荀子·王霸》）

注释

①审：考察、思量。

②适：对待。

③来：回报。

译文

审视一下自己是怎样对待别人的，就会知道别人当是怎样来对待自己的。

贵而无①位，高而无民，贤人在下位而无辅，是以动而有悔也。

（《周易·文言》）

注释

①无：没有，此指失去。

译文

尊贵之至便会失去其位，高高在上便会失去其民，贤人处下位便得不到辅助，所以轻举妄动不免要留下悔恨。

劳而不伐①，有功而不德②，厚之至也。

（《周易·系辞上》）

注释

①伐：自夸、炫耀。

②不德：不显其德，不自以为有德。

译文

辛劳付出而不自夸，立有功绩而不自居，这种人是极其敦厚的。

言有物[①]而行有格[②]也，是以生则不可夺志，死则不可夺名。故君子多闻，质[③]而守之；多志[④]，质而亲之；精知[⑤]，略[⑥]而行之。

（《礼记·缁衣》）

注释

①物：事。

②格：规矩。

③质：质证、对证。

④志：记、记住。

⑤精知：掌握事情的精髓、核心内容。

⑥略：约。

译文

说话有根据而行为合乎规矩，那么活着的时候就不会被改变心志，死后也不会影响名声。所以，君子要多闻多见，经过验证是正确的就坚守遵循；要博闻强识，经过验证是正确的就珍藏在心；还要掌握事情的精髓，并贯彻到自己的行动中。

夫自损者益，自益者缺。

（刘向《说苑·敬慎》）

〈译文〉

自我抑损的就长进，自我满足的就衰微。

不强不达，不劳无功，不忠无亲，不信无复[①]，不恭无礼。慎此五者，可以长久矣。

（刘向《说苑·杂言》）

〈注释〉

①复：回复。此指往来、交往、交情。

〈译文〉

不勤奋就不会显达，不劳作就不会有收获，不忠实就不会有人亲附，不守信就不会有交情，不恭敬就不会得到礼遇。慎重对待强、劳、忠、信、恭这五个方面，就可以安然无忧了。

以富贵为人下者，何人不与[①]？以富贵敬爱人者，何人不亲？

（刘向《说苑·杂言》）

〈注释〉

①与：亲附。

〈译文〉

一个人若富贵且能谦恭待人，何人不归从？若富贵且礼敬爱人，何人不亲附？

夫富而能富人者，欲贫而不可得也；贵而能贵人者，欲贱而不可得也；达[①]而能达人者，欲穷而不可得也。

（刘向《说苑·杂言》）

〈注释〉

①达：显达。

〈译文〉

自己富有也能让别人富有的，他就是想贫困也不可能；自己尊贵也能让别人尊贵的，他就是想卑贱也不可能；自己显达也能让别人显达的，他就是想困窘也不可能。

愚而好自用[①]，贱而好自专[②]，生乎今之世，反[③]古道，如此者，灾及其身者也。

（《礼记·中庸》）

注释

①自用:指只凭自己的才力行事,主观臆断。

②自专:独断专行。

③反:返回、回到。

译文

头脑愚笨但却喜欢自行其是,身份低贱而总是专横跋扈,生活在当今之世却复古守旧。这样做的人,灾难便会降临其身。

齐家篇

概述

所谓齐，整治也。齐家，即治理好家庭。孔子认为，家与国是紧密相连的，“欲治其国者，先齐其家”。齐家之要，在于孝悌。这是孔子伦理思想的核心。在他看来，在家族里对长辈的孝敬、对兄弟的爱护，既可以维护一个家族的正常秩序，又可以放大到整个社会，用孝悌教化百姓，将孝悌导入政治，构建起“君君，臣臣，父父，子子”而上下有序、尊卑有等的社会秩序。毋庸置疑的是，孔子的这种以“修身、齐家”为基础的伦理观，促成了中国所特有的父慈子孝、兄友弟恭、敬老爱幼、团结和睦的家庭伦理观，逐渐积淀成中华民族的传统美德，对中国人的道德人格以及家庭伦理关系产生了积极而深远的影响。

父在观其[①]志，父没[②]观其行，三年无改于父之道，可谓孝矣。

（《论语·学而》）

〈注释〉

①其：他的，指儿子。

②没：去世。

〈译文〉

父亲在世时看他的志向，父亲去世后看他的行为，如果三年内没有改变父亲的规矩法度，就可以说他尽到孝了。

生，事之以礼[①]；死，葬之以礼，祭之以礼。

（《论语·为政》）

〈注释〉

①事之以礼：即“以礼事之”的倒装，以下两句的语法结构同此。事，侍奉。

译文

父母在世时，要按礼节侍奉他们；父母去世后，要按礼节安葬他们，按礼节祭祀他们。

今之孝者，是谓能养①。至于犬马②，皆能有养③。不敬，何以别乎④？

（《论语·为政》）

注释

①是谓能养：只是认为能供养父母而已。

③至于犬马：即使是犬马。至于，就是、即使。

④皆能有养：都能得到饲养。

⑤何以别乎：如何将孝与饲养犬马相区别呢？何以，即“以何”，如何、用什么。

译文

如今的孝子，只是能供养父母而已。然而，即使是犬马，也能得到饲养。如果不能按礼的要求敬事父母，如何将供养父母与饲养犬马相区别呢？

色难①。有事，弟子②服其劳；有酒食，

先生[3]馔[4]，曾[5]是[6]以为孝乎？

（《论语·为政》）

〈注释〉

①色难：色，指儿子侍奉父母时的容色。难，难以做到。

②弟子：年轻人，这里指儿子。

③先生：长辈，这里指父母。

④馔（zhuàn）：吃喝。

⑤曾（zēng）：副词，表示出乎意料，相当于"却""简直""竟""竟然""怎能"。

⑥是：此，这个。

〈译文〉

始终和颜悦色地侍奉父母是最难做到的。如果仅仅是有事时为父母去做，有酒食时请父母先享用，这怎能算是孝呢？

事父母几谏[1]。见志不从[2]，又敬不违[3]，劳[4]而不怨。

（《论语·里仁》）

〈注释〉

①事父母几（jī）谏（jiàn）：侍奉父母时，对其过失要委婉劝阻。几，委婉、轻微。谏，用言语规劝尊长改正错误。

②见志不从:看到自己的意见没有被(父母)听从。志,此指儿女的意向、心意。从,听从。

③又敬不违:也要恭敬顺从。又,也、仍然。违,冒犯、触忤。

④劳:忧虑。

译文

对父母的过失要委婉劝阻。看到父母不愿听从自己的劝阻,也要恭敬顺从,即使心中会很忧虑也不能抱怨。

父母在,不远游,游必有方①。

(《礼记·里仁》)

注释

①方:方位。

译文

父母在时,不远离家乡;如果必须离开,也必须要告诉父母你要去的地方。

父母之年①,不可不知也。一则②以喜,一则以惧③。

(《论语·里仁》)

注释

①年:年龄、年事。

②一则……一则:相当于"一方面……,一方面……"。

③惧:忧虑。

译文

父母的年纪,不可不牢记于心。一方面为他们健康高寿而喜悦,一方面也为他们年事已高而担忧。

出则事公卿[①],入则事父兄,丧事不敢不勉[②],不为酒困[③],何有于我哉[④]?

(《论语·子罕》)

注释

①公卿:本指三公九卿,这里泛指朝廷官员。

②勉:尽力、努力。

③不为酒困:不被酒所困扰,意即不嗜酒贪杯或因饮酒过量而失态。

④何有于我哉:这些方面我做到了哪些呢?

译文

出外侍奉公卿,回家侍奉父兄,对丧事尽力去办,不为

酒所困扰。这些事我做到了哪些呢?

孝子之事亲也,居[1]则致其敬,养则致其乐,病则致其忧,丧则致其哀,祭则致其严[2],五者备矣,然后能事亲。事亲者,居上不骄,为下不乱,在丑[3]不争。居上而骄则亡,为下而乱则刑,在丑而争则兵[4]。三者不除,虽日用三牲[5]之养,犹为不孝也。

(《孝经·纪孝行》)

注释

①居:平常、平居。

②严:庄重严肃。

③丑:众,指低贱之人。

④兵:谓动用凶器。

⑤三牲:本指牛、羊、猪,此处代指美味佳肴或精美食品。

译文

孝子侍奉双亲,平时对他们要竭尽恭敬,服侍赡养他们时要神情愉悦,他们患病时要极尽忧虑操劳,他们去世了要由衷地悲哀,祭奠他们时要庄重严肃。这五个方面都做得很周到了,才谈得上侍奉双亲。侍奉双亲,还要做到身居高

位而不骄横，处在下位而不淫乱，位同下人而不争强。身处高位而骄横就会丧生，身在下位而淫乱就会受刑，位同下人而争强就会遭到伤害。不改掉骄横、淫乱、争强这三个毛病，即使每天用美味佳肴赡养父母，仍是不孝之子。

君子弛①其亲之过，而敬其美。

（《礼记·坊记》）

注释

①弛：舍弃、忘却。

译文

有教养的君子应该忘记父母的过失，而敬重他们的优点。

从命①不忿，微谏②不倦，劳而不怨，可谓孝矣。

（《礼记·坊记》）

注释

①从命：听从吩咐，顺从安排。

②微谏：隐晦委婉地劝谏。微，不显露。

〈译文〉

顺从父母的吩咐而不带愤懑之色，委婉地劝谏父母的错误而不厌倦，心中忧虑而口无怨言，做到这些，就可以算是孝顺了。

父母在，不称老，言孝不言慈。闺门[①]之内，戏[②]而不叹。君子以此坊[③]民，民犹薄于孝而厚于慈。

（《礼记·坊记》）

〈注释〉

①闺门：家内、内室。

②戏：谓说笑。

③坊：同“防”，防范、规范。

〈译文〉

父母健在时，做子女的不能自称年老，要多孝敬父母而不能把心思都用于慈爱子女上。在家里，为使父母高兴，可以说笑，而不能唉声叹气。君子以此来规范民众的行为，但有的人还是轻于孝敬父母而重于慈爱子女。

治国篇

概述

治国是“修身、齐家、治国、平天下”的关键步骤，亦即“平天下在治其国”。在这一主题下，仕途不得意、空怀政治理想的孔子对于如何为君、理政、做官、治民等提出了富有创见的看法。他力倡为政者要端正其身，严格规范自身的行为，指出“其身正，不令而行；其身不正，虽令不行”；“政者，正也，子帅以正，孰敢不正？”主张“为政以德”，对老百姓要“道之以德，齐之以礼”，反对苛政虐民，断言“不教而杀谓之虐”，对百姓要“宽则得众”，“惠则足以使人”；主张用“文德”去感化百姓，所谓“远人不服，则修文德以来之”；还主张使民富庶，反对过重剥削，统治者要做到“节用而爱人，使民以时”，要“因民之所利而利之”“博施于民而能济众”，使百姓安、足、富，然后“教之”。在用人上，主张举贤才，要“先有司，赦小过，举贤才”，反对“举枉错诸直”，要“不以言举人，不以人废言”。孔子的政治思想和主张是希望通过实行“德政”“仁政”，调整统治阶级的内部关系，缓和阶级矛盾，使得人民、国家“和无寡，安无倾”，从而出现一个“老者安之，朋友信之，少者怀之”的理想社会。

道[①]千乘之国[②]，敬事而信[③]，节用而爱人[④]，使民以时[⑤]。

（《论语·学而》）

注释

①道：同“导”，治理。

②千乘（shèng）之国：乘，指古代军队的基层单位。每乘拥有用四匹马拉的兵车一辆，车上甲士三人，车下步卒七十二人，后勤人员二十五人，共一百人。春秋时代，作战使用战车，所以国家的强弱都以车辆的数目来衡量。春秋初期，大国都没有千辆兵车。但到孔子之时，千乘之国已经算不上是大国了。

③敬事而信：严肃认真地处理政事，诚实无欺。“敬”字一般用于表示工作态度，即“严肃认真”之义，常与“事”字连用。

④节用而爱人：节约费用，爱护官民。人，古代“人”字有广、狭两义。广义的“人”指一切人群；狭义的“人”只指士大夫以上各阶层的人。这里指的是后者。

⑤使民以时：役使百姓而不违农时。民，指平民百姓。以时，按时，此指在农耕不忙时节。

译文

治理国家，要严肃认真地处理政事，信实无欺，节约费用，爱护官民，役使老百姓要不误农时。

为政以德，譬如北辰[①]居其所而众星共[②]之。

(《论语·为政》)

〈注释〉

①北辰：即北极星，是在正北天空中的一颗较亮的星，属小熊星座，古人在夜晚常靠它来辨别方向。从中国北方看来，北极星是相对静止的，它周围的其他星座都环绕它运动。孔子在这儿是以北极星喻国君，以众星喻民众。

②共：通“拱”，环绕、围绕。

〈译文〉

为政者若用道德仁政治理国家，就会像北极星安居自己的方位而被群星绕行其周那样[受到百姓拥戴]。

道[①]之以政[②]，齐[③]之以刑，民免[④]而无耻；道之以德，齐之以礼，有耻[⑤]且格[⑥]。

(《论语·为政》)

〈注释〉

①道：通“导”，治理、引导。

②政：指政策法令。

③齐：即“使之齐”，约束、制约。

④免：避免。

⑤有耻：有知耻之心。

⑥格：匡正、纠正。

译文

用政令管理百姓，用刑法约束百姓，百姓虽能避免犯罪，但没有羞耻之心；用道德引导百姓，用礼制约束百姓，百姓不但会有羞耻之心，而且能自觉纠正自己的过失而走上正途。

举[①]直[②]错[③]诸[④]枉[⑤]，则民服；举枉错诸直，则民不服。

（《论语·为政》）

注释

①举：选拔、举用。

②直：正直，此处指正直贤能之人。

③错：同“措”，放置、弃置。

④诸：代词“之”和介词“于”的合音字，相当于“之于”。

⑤枉：邪佞，此处指奸邪不正派之人。

译文

选用正直贤能之人，弃置奸邪不正派之人，民众就会信服；选用奸邪不正派之人，弃置正直贤能之人，民众就不会信服。

临之以庄[①]，则敬；孝慈[②]，则忠；举善而教不能[③]，则劝[④]。

（《论语·为政》）

注释

①临之以庄：对待他们神态庄重。临，从高处往低处看，引申为上对下，统治、治理。庄，庄重、庄严、严肃。

②孝慈：孝顺父母，爱恤百姓。

③举善而教不能：推举选用好人，教诲愚笨者。举，提拔、推举。不能，没才能、能力差的人。

④劝：勉励、勤勉。

译文

为政者用庄重严肃的态度对待百姓，百姓就会尊敬他；对父母孝顺，对百姓慈爱，百姓就会忠顺；选用善良贤能之人，教诲愚笨暗弱之人，百姓就会勤勉。

有君子之道[①]四焉：其行己也恭[②]，其事上也敬，其养民也惠，其使民也义。

（《论语·公冶长》）

〈注释〉

①君子之道:即君子的道德、品行、操守。君子,此处指为官者。

②行己也恭:要求自己的行为操守谦恭谨慎。

〈译文〉

君子有四项美德:自己的言行谦逊谨慎,侍奉国君严肃认真,教养百姓布泽施惠,役使百姓合乎义理。

民可使由①之,不可使知②之。

(《论语·泰伯》)

〈注释〉

①由:从、遵从。

②知:知道、了解。

〈译文〉

对于老百姓,可以让他们按照命令去做,而不可以让他们知道为什么要这样做。

不在其位,不谋其政。

(《论语·泰伯》)

译文

不担任那个职位，就不考虑那个职位范围内的政务。

君子笃[①]于亲，则民兴于仁[②]，故旧[③]不遗[④]，则民不偷[⑤]。

（《论语·泰伯》）

注释

①笃(dǔ)：忠诚、厚道。

②则民兴于仁：那么百姓中就会盛行仁德。兴，兴盛、盛行。

③故旧：即老朋友。

④遗：遗弃。

⑤偷：淡薄，不厚道。

译文

如果为政者厚待亲族，那么百姓中就会盛行仁德；如果君子不遗弃自己的老朋友，那么百姓就会趋向厚道。

出门如见大宾[①]，使民[②]如承[③]大祭。己所不欲，勿施[④]于人。在邦无怨，在家无怨。

（《论语·颜渊》）

注释

①大宾:贵宾。

②使民:役使百姓。使,役使、驱使。

③承:接受、承受。

④施:加、施加。

译文

出门办事就像接待贵宾一样认真,役使百姓如同承办祭礼一样严肃。自己不想做的事情,不要强加给别人。在朝廷任职没有怨恨,赋闲在家也没有怨恨。

足食,足兵①,民信之②矣。

(《论语·颜渊》)

注释

①足兵:军备充足。兵,兵器、武器,这里指军备。

②民信之:人民信任国家、政府。

译文

粮食充足,军备充足,人民才会信任国家。

君君，臣臣，父父，子子①。

（《论语·颜渊》）

〈注释〉

①君君，臣臣，父父，子子：第一个“君”“臣”“父”“子”为名词，第二个“君”“臣”“父”“子”为动词。

〈译文〉

做国君的要尽国君的职责，做臣下的要尽臣下的职责，做父亲的要尽父亲的职责，做儿子的要尽儿子的职责。

听讼吾犹人也①，必也使无讼乎②！

（《论语·颜渊》）

〈注释〉

①听讼吾犹人也：审理诉讼案件，我同别人一样。听讼，审理诉讼案件。听，处理、判决。讼，诉讼。

②必也使无讼乎：一定要使诉讼案件不发生。也，句中语气词，表示语气停顿，以引起下文。乎，语气词，用在句末表示感叹。

〈译文〉

审理诉讼案件，我同别人一样。[但我的目标是]一定要使诉讼案件不再发生才好。

政者，正[①]也。子帅[②]以正，孰敢不正？

（《论语·颜渊》）

〈注释〉

①正：正直、公正。

②帅：表率、率领、带头。

〈译文〉

政就是正的意思。如果当政者带头走正道，谁敢不走正道？

苟子之不欲[①]，虽赏之不窃[②]。

（《论语·颜渊》）

〈注释〉

①苟子之不欲：如果你不贪财。苟，如果。子，您，指为官当政者。之，介词。欲，贪欲，指贪财。

②虽赏之不窃：即使奖励，也没人盗窃。赏，奖励、鼓励。

〈译文〉

如果为官者不贪财，即使奖励他人为盗，也没人去偷盗。

子欲善而民善矣[①]。君子之德风，小人之德草[②]，草上之风，必偃[③]。

（《论语·颜渊》）

注释

①子欲善而民善矣：如果你想做好事，建立美好的社会，百姓也会跟着做好事，相互亲善。

②君子之德风，小人之德草：此处的“君子”是指当政者。“小人”指平民百姓。此句的意思是说，为政者的德行好比是风，百姓的德行好比是草。

③草上之风，必偃（yǎn）：风吹到草上，草就倒向一边。这就是说：风向哪边吹，草就往哪边倒。偃，倒下。

译文

为政者如果想做好事，建立美好社会，百姓也会跟着做好事，相互亲善。当政者的德行好比风，老百姓的德行好比草，风向哪边吹，草就一定会顺着风的方向往哪边倒。

夫达[①]也者，质直而好义[②]，察言而观色，虑以下人[③]。在邦必达，在家必达。[④]夫闻也者，色取仁而行违[⑤]，居之不疑[⑥]。在

邦必闻，在家必闻。

（《论语·颜渊》）

注释

①达：通达事理。

②质直而好义：个人品行正直而爱好信义。

③虑以下人：时常想着对人谦恭有礼。虑，思想、思考。下人，甘心居人之下，这里指对人谦恭有礼，服从别人的意见。下，用作动词。

④邦、家：古代诸侯的封国称“邦”，卿大夫的封地称“家”。

⑤色取仁而行违：表面上主张仁德而行动上却违背它。色，脸色、表情，这里指外表、表面。

⑥居之不疑：以仁人自居而毫不惭愧。居，处于。疑，犹豫、迟疑。

译文

所谓通达的人，品性正直而好尚信义，善于察言观色，对人谦恭有礼。这种人在国中为官一定通达，在卿大夫的封地中任职也一定通达。至于那些有虚假名声的人，表面上主张仁德而行动上却违背它，以仁人自居而毫不惭愧。这种人在国中为官一定会追求成名，在卿大夫的封地内任职也一定会追求成名。

举直错诸枉[1],能使枉者直。

(《论语·颜渊》)

〈注释〉

①举直错诸枉:提拔正直的人使其位于邪恶的人之上。即举用正直的人,摒弃邪恶的人。“直”和“枉”相对。“直”即正直的人。“枉”即不直,指不正直的人、邪恶的人。错,同“措”,放、搁置。诸,相当于“之于”。

〈译文〉

举用正直的人,罢黜邪恶的人,就能使邪者归正。

先之[1],劳之[2]。

(《论语·子路》)

〈注释〉

①先之:先,率先、走在前面,这里为“以身作则”之义。之,代词,指老百姓。

②劳之:使民劳作。劳,这里为役使。

〈译文〉

自己首先带头做事,然后才能使百姓勤奋工作。

先有司[①]，赦小过，举贤才。

举尔所知，尔所不知，人其舍诸[②]？

（《论语·子路》）

注释

①先有司：要引导办理具体事务的下级官吏。先，领先、率先。有司，古代负责办理具体事务的官吏。

②人其舍诸：人们难道能舍弃他们吗？即人们不会埋没他们。舍，舍弃。其，句中语气词，表示反问，难道、岂能。诸，即“之乎”的合音，其中“之”为代词，指他们。

译文

为官者要给下属做表率，不计较他们的小过失，选拔贤良人才。

选人才要选拔你所了解的人，那些你不了解的贤才，别人难道不会推荐他们吗？

其身[①]正[②]，不令而行[③]；其身不正，虽令不从。

（《论语·子路》）

注释

①身：自身，此处指自身的行为。

②正:端正、正派、正当。

③不令而行:就是不下命令,事情也行得通。令,下命令。行,指教化得以推行。

译文

如果为官者自身的行为端正,就是不下命令,百姓也会跟着行动起来。如果为官者自身的行为不端正,即使三令五申,也难以使百姓服从。

苟正其身矣①,于从政乎何有②?不能正其身,如正人何③?

(《论语·子路》)

注释

①苟正其身矣:如果(统治者)端正了自身的言行。苟,假若、如果。正其身,指端正自身的言行举止。

②于从政乎何有:对执政(管理政事)还有什么难处呢?何有,即“有何”。

③如正人何:即“如何正人”。

译文

如果为官者端正了自身的行为,管理政事还有什么困难呢?如果为官者不能端正自身的行为,又怎能端正别人呢?

人之言曰:“为君难,为臣不易。”如知为君之难也,不几[①]乎一言而兴邦[②]乎?

人之言曰:“予无乐乎为君,唯其言而莫予违也[③]。”如其善而莫之违也,不亦善乎?如不善而莫之违也,不几乎一言而丧邦[④]乎?

(《论语·子路》)

注释

①几:接近。

②一言而兴邦:一句话就可以使国家兴盛。一言,此处为“一句话”之义。兴邦,使国家振兴、发达。

③唯其言而莫予违也:只是要求没人敢违抗我的话。“莫予违”即“莫违予”的倒装。莫,没人。

④丧邦:使国家丧失、沦亡。

译文

有人说:“做君主难,做臣子也不易。”如果知道做君主难,[就会认真地管理国政,]这不是近乎一句话可以使国家兴盛吗?

有人说:“我做君主没有别的快乐,只是要求没人敢违抗我的话。”假如君主说的话正确而没人违抗,不是很好

吗？假如君主说的话不正确而无人违抗，这不是近乎一句话可以使国家丧亡吗？

近者说[①]，远者来[②]。

（《论语·子路》）

〈注释〉

①近者说：使境内的人安居乐业。近者，此处指境内的人。说，同“悦”，高兴。

②远者来：使境外的人前来归附。远者，此处指境外的人。

〈译文〉

使境内的人安居乐业，使境外的人前来投奔归附。[就是为政的道理。]

无欲速[①]，无见小利。欲速则不达[②]，见小利则大事不成。

（《论语·子路》）

〈注释〉

①无欲速：指办事不要企图很快成功，即做事不要急于求成。

②不达：指达不到目的。达，到达。

译文

管理政事,不要企图速成,不要贪求小利。求快反而达不到目的,贪求小利则难成大事。

以不教民战[①],是谓弃之[②]。

(《论语·子路》)

注释

①以不教民战:以,用、使用。不教民,此指未经过训练、培养的民众。

②是谓弃之:这就叫抛弃他们。是,这。之,代指“不教民”。

译文

让没有受过训练的百姓去作战,这就等于抛弃他们。

管仲相桓公,霸诸侯,一匡天下[①],民到于今受其赐[②]。微[③]管仲,吾其被发左衽[④]矣。岂若匹夫匹妇[⑤]之为谅[⑥]也,自经[⑦]于沟渎[⑧]而莫之知也[⑨]?

(《论语·宪问》)

注释

①一匡天下:使天下走上正轨。匡,正、纠正。

②赐:恩赐,即实惠、好处。

③微:无、没有。

④被(pī)发左衽(rèn):是当时北方少数民族的风俗习惯,这里意为中原被夷狄所占,人民沦为落后民族了。被,同“披”。衽,衣襟。左衽,衣襟向左掩。

⑤匹夫匹妇:指庶人、百姓。

⑥谅:守信用。这里指固守小节小信。

⑦经:上吊、吊死。

⑧渎(dú):小渠。

⑨而莫之知也:即“而莫知之也”,意思是:却没有人知道。

译文

管仲辅佐桓公,称霸诸侯,匡正天下,老百姓至今还享受着他的好处。如果没有管仲,我们可能要受落后民族的统治了。难道他也要像普通百姓一样固守小节,在山沟中上吊自杀也没人知道吗?

无为而治[①]者,其舜也与?夫[②]何为哉?恭己正南面[③]而已矣。

(《论语·卫灵公》)

注释

①无为而治：一般儒者都以为舜能选拔任用贤能之士，所以他在任上能够从容自逸。

②夫：代词，指舜。

③南面：古代以坐北朝南为尊位，故天子诸侯见群臣，或卿大夫见僚属，皆南面而坐。此处“南面”指王位。

译文

自己无所作为而能使天下得到治理的，恐怕只有舜吧？他做了些什么呢？他不过庄重端正地坐在王位上罢了。

知及之①，仁不能守②之，虽得之，必失之。知及之，仁能守之，不庄以莅③之，则民不敬。知及之，仁能守之，庄以莅之，动之不以礼，未善也。

（《论语 · 卫灵公》）

注释

①知及之：凭智慧得到官职。知，同“智”，才智。及，触及，此谓得到。之，此处代指官职。

②守：保持。

③莅(lì):到、临,指上对下的监视、治理。

〈译文〉

凭智慧得到了官职,如果不能用仁德守住它,即使得到了,也必定会失去。凭智慧得到了官职,能用仁德来守住,但如果不用庄严的态度去治理政务,那么百姓是不会敬服的。凭智慧得到了官职,即使能以仁德守住它,又能用严肃的态度去治理政务,但如果行动不合乎礼仪,也不能算是完善的。

事君,敬其事而后其食[①]。

(《论语·卫灵公》)

〈注释〉

①食:俸禄。

〈译文〉

侍奉君主,要认真办事而把领取俸禄的事放在后面。

有国有家[①]者,不患贫而患不均,不患寡[②]而患不安。盖均无贫[③],和无寡[④],安无倾[⑤]。夫如是,故远人不服,则修文德[⑥]

以来⑦之，既来之，则安之⑧。

（《论语·季氏》）

注释

①有国有家：古时国指诸侯统治的政治区域；家指卿大夫统治的政治区域。此指掌管国家的统治者。

②寡：指人口少。

③均无贫：财富分配公平合理，上下各得其分，就没有贫穷。

④和无寡：上下和睦，人民都愿归附，就没有人口少的现象。

⑤安无倾：国家安定，就没有倾覆的危险。倾，倾覆、颠覆。

⑥修文德：修治礼教和道德。文，文教，指礼教。

⑦来：使……来归附，招徕。

⑧既来之，则安之：他们既然来归附，就要让他们安心居住下来。安，使……安定。孔子在这里提出了以德服人的主张，并谴责了非正义战争。

译文

掌管国家的统治者，不担心贫穷而担心财富分配不均，不担心人口少而担心社会不安定。因为财富平均，就无所谓贫穷；上下和睦，就不会人口稀少；国家安定，就没有倾覆的危险。这样做了，远方的人还不归服，就修治礼乐招徕他们。他们来了，就要让他们安居乐业。

鄙夫[①]可与事君也与哉？其未得之也[②]，患得之[③]。既得之，患失之。苟患失之，无所不至矣[④]。

（《论语·阳货》）

注释

①鄙夫：这里指鄙陋浅薄、品德恶劣的人。

②其未得之也：他没得到职位时。其，他，代指鄙夫。

③患得之：应为“患不得之”，“不”字在古人抄写时被脱掉。汉以前的《论语》有“不”字。

④苟患失之，无所不至矣：假若担心失去职位，就会无所不为。苟，假若、如果。

译文

怎么能让品德低劣的人侍奉君主呢？他没得到自己想要的职位时，总是担心得不到。已经得到了职位，又恐怕失去它。假若他担心失去官职，就什么事都做得出来。

古者民有三疾[①]，今也或是之亡也[②]。古之狂也肆[③]，今之狂也荡[④]；古之矜[⑤]也廉[⑥]，今之矜也忿戾[⑦]；古之愚也直，今之愚

也诈而已矣。

（《论语·阳货》）

注释

①疾：毛病、缺陷。

②今也或是之亡也：现在或许没有那个样子的毛病了。或，或许。是，代词，这。亡，同“无”。也，此句前一个“也”表示停顿；后一个“也”，表示判断，相当于现代汉语的“是”。

③古之狂也肆：古时狂妄的人只是放肆一点。狂，狂妄，此指狂妄者。以下几句中的“矜”“愚”同此，分别指“矜者”“愚者”。肆，放肆。

④荡：放荡、放纵。

⑤矜（jīn）：骄傲自满，此指傲慢者。

⑥廉：棱角、锋利。这里比喻人的行为等不可触犯。

⑦忿戾（fèn lì）：愤怒、不讲理、凶恶蛮横。

译文

古时的百姓有三种毛病，现在或许这三种毛病已不是原来的样子了。古时狂妄的人只是放肆一点，现在狂妄的人却是放荡不羁；古时傲慢的人只是有些自视清高，现在傲慢的人却凶恶蛮横；古时愚昧的人不过是直率些，现在愚昧的人却一味欺诈。

宽则得众，信则民任焉，敏[①]则有功，公则说[②]。

（《论语·尧曰》）

注释

①敏：勤敏。

②公则说：公正就会使人高兴。公，公正、公平。说，同“悦”。

译文

宽厚就会得到众人拥护，诚信就会使民众尽心竭力，勤勉就能成就功业，公正就会使人心悦诚服。

君子惠[①]而不费，劳[②]而不怨，欲而不贪[③]，泰[④]而不骄，威而不猛[⑤]。

因[⑥]民之所利而利之，斯不亦惠而不费乎？择可劳而劳之，又谁怨？欲仁而得仁，又焉贪？君子无众寡，无小大，无敢慢[⑦]，斯不亦泰而不骄乎？君子正其衣冠，尊其瞻视[⑧]，俨然人望而畏之[⑨]，斯不亦威而不猛乎？

（《论语·尧曰》）

注释

①惠:恩惠。此处作动词,给以好处、施以恩惠。

②劳:役使,使……劳作。

③欲而不贪:追求仁德而不贪婪。据下文“欲仁而得仁,又焉贪”,可知此处之“欲”应为“欲仁”,意为“想追求仁义”。贪,贪求、贪婪。

④泰:安宁、安舒。

⑤威而不猛:威严庄重却不凶猛。

⑥因:顺着、因循。

⑦君子无众寡,无小大,无敢慢:无论人多人少,无论势大势小,君子都一样地对待他们,不敢怠慢。君子,指做官的人。本篇“君子”皆为此意。

⑧尊其瞻视:目光、神色郑重严肃。瞻视,指目光、神色。瞻,往前看或往上看。

⑨俨然人望而畏之:庄严自持得让人望而生畏。俨然,庄重的样子。

译文

为官者施惠于百姓却不浪费,役使百姓却不招致怨恨,追求仁德而不贪婪,临事泰然自若而不骄矜,威严庄重却不粗暴。

就百姓能得到利益之处而使他们得利,这不是施惠于百姓却没有什么浪费吗?选择可以役使百姓的时节来役使他们,又有谁会怨恨呢?想追求仁便得到了仁,又何必

贪求其他呢？无论人多人少、势大势小，为官者都不敢怠慢，这不是安然舒泰却不骄矜吗？为官者衣冠整洁，神情严肃，让人望而生畏，这不就是威严庄重而不凶猛吗？

不教而杀谓之虐，不戒视成[①]谓之暴，慢令[②]致期[③]谓之贼，犹之与人[④]也，出纳之吝谓之有司[⑤]。

（《论语·尧曰》）

注释

①不戒视成：事先不加告诫就马上要求做事成功。戒，警告、告诫。视成，看到成绩、得到成果。

②慢令：玩忽政令，做事懈怠。

③致期：限期完成。

④犹之与人：同是给人以财物。犹之，即均之。与，给。

⑤出纳之吝谓之有司：施人恩惠或付人钱财时却很吝啬叫作“有司”。出，拿出、出手。纳，入、收进。此处“出”“纳”虽连用，却只有“出”的意思。有司，古代设官分职，事各有专司，故称“有司”，常指掌管各种具体事务的官吏。因为此类官吏职务卑微，这里借喻为小家子气。

译文

事先不施以教育便行杀戮就叫“虐”，不加以申诫就要

求做出成绩就叫“暴”，最初做事懈怠又突然限期完成就叫“害人”，施人恩惠却出手吝啬就叫“小家子气”。

恶[①]似而非者：恶莠[②]，恐其乱苗也；恶佞[③]，恐其乱义也；恶利口[④]，恐其乱信也；恶郑声[⑤]，恐其乱乐也；恶紫，恐其乱朱[⑥]也；恶乡原[⑦]，恐其乱德也。君子反经[⑧]而已矣。经正，则庶民兴；庶民兴，斯无邪慝[⑨]矣。

（《孟子·尽心下》）

注释

①恶：厌恶。

②莠（yǒu）：草名，又称“狗尾草”，往往混长在田间禾苗中。

③佞：惯于用花言巧语谄媚人。

④利口：能言善辩、夸夸其谈。

⑤郑声：指春秋时期郑国的民间音乐，因其曲调活泼、热情奔放，与当时传统贵族推崇的“雅乐”相背，被孔子斥为淫乐，不合礼乐。

⑥朱：大红色。

⑦乡原：也作“乡愿”，指貌似谨慎忠厚而不讲原则，甚至与恶俗同流合污的人。《论语·阳货》有：“乡原，德之贼也。”

⑧君子反经：为政者要返归正道，使之正常。君子，指做官的人。反，同“返”，回复、回归。经，即道，正道、根本。

⑨邪慝(tè)：指奸诈邪恶之人或行为。

〈译文〉

要厌恶似是而非的东西：厌恶莠草，是怕它搞乱了禾苗；厌恶佞人，是怕他搞乱了正义；厌恶夸夸其谈，是怕它搞乱了信实；厌恶郑国的音乐，是怕它搞乱了雅乐；厌恶紫色，是怕它搞乱了大红色；厌恶乡愿，是怕他搞乱了道德。为官者要使一切事物回复到正道上来。正道确立了，百姓就会振作起来；百姓振作起来了，就不会有邪恶之事了。

君者盂[①]也，民者水也。盂方则水方，盂圆则水圆。

（尸佼《尸子·处道》）

〈注释〉

①盂：古代盛汤浆或食物的器皿。

〈译文〉

君主好比是盂，人民好比是水。如果盂是方的，那么水就成方形；如果盂是圆的，那么水就成圆形。

仁不可为众也。夫国君好仁，天下无敌。

（《孟子·离娄上》）

〈译文〉

仁德的力量是不能以人数多少来衡量的。如果国君尊崇仁德，那么他就会天下无敌。

大节①是也，小节②是也，上君也。大节是也，小节一出焉，一入焉，中君也。大节非也，小节虽是也，吾无观其余矣。

（《荀子·王制》）

〈注释〉

①大节：指要务、大事或关键之事。

②小节：指与原则无关的琐碎小事。

〈译文〉

国政要务做得好，微细小事也做得好，这是上等的君主。国政要务做得好，微细小事有的却出了格，有的还在理，这是中等的君主。国政要务做得不好，微细小事即便做得好，我认为也不值得肯定。

危者，安其位者也；亡者，保其存者也；乱者，有其治者也。是故君子安而不忘危，存而不忘亡，治而不忘乱，是以身安而国家可保也。

（《周易·系辞下》）

译文

真正的危险，是只知道安处其位；真正的衰亡，是只知道苟且求生；真正的祸乱，就蕴含在天下大治之中。所以，为政者在时局安定时不会忘记潜伏的危险，政权稳固时不会忘记还会有倾覆的危险，天下大治时不会忘记还有祸乱的隐患，如此才可以既求得了自身的安全，也确保了国家的安全。

夫政之不中①，君之过也。政之既中，令之不行，职事者②之罪也。

（戴德《大戴礼记·主言》）

注释

①中：适当、适中，即正确。

②职事者:主管其事的官员。

〈译文〉

国家的政策不正确,是君主的过失;政策正确,却有令不行,则是管事的官吏的罪过了。

上敬老则下益孝,上顺齿[①]则下益悌,上乐施则下益谅[②],上亲贤则下择友,上好德则下不隐,上恶贪则下耻争,上强果则下廉耻。民皆有别,则贞[③]、则正,亦不劳矣。此谓七教。七教者,治民之本也,教定是正矣。

(戴德《大戴礼记·主言》)

〈注释〉

①顺齿:顺从年长者。顺,顺从、柔爱。齿,岁数、年龄,此处特指年长者。

②谅:谅解、宽容。

③贞:坚贞、有节操。

〈译文〉

为官者若敬重老人,老百姓就会更加孝顺;为官者若尊敬长者,老百姓就会更加和顺;为官者若乐于布施恩惠,

老百姓就会更加大度；为官者若亲近贤人，老百姓就会更加谨慎择友；为官者若倡扬美德，老百姓就会不隐瞒；为官者若厌恶贪婪，老百姓就会耻于争利；为官者若坚强果敢，老百姓就会懂得廉耻。老百姓若能辨别善恶好坏，就会坚贞、正直，为官者也就不那么辛劳了。这就是七教。七教是治理、教化百姓的根本，教化成则人心正啊。

上者，民之表也。表正，则何物不正？是故君先立于仁，则大夫忠而士信、民敦、工璞①、商悫②、女憧③、妇空空④。七者，教之志也。七者布诸天下而不窕⑤，内⑥诸寻常之室而不塞⑦。

（戴德《大戴礼记·主言》）

注释

①璞：质朴、古朴。

②悫(què)：诚实。

③憧(chōng)：通“瞳”，天真无知的样子。

④空空：诚实、淳朴的样子。

⑤窕(tiǎo)：细小。

⑥内(nà)：同“纳”，纳入。

⑦塞：阻隔、堵。

译文

居高位的人，是百姓的表率。表率若正直，还有什么人不正直？所以，国君做到仁爱，那么大夫就会忠诚，士人就会信实，百姓就会敦厚，工匠就会质朴，商人就会诚信，姑娘就会天真，妇女就会淳朴。以上七个方面，是教化成功的标志。这七种情况，布满天下不觉其小，纳入百姓家不觉其堵。

立爱自亲始，教民睦也；立敬自长始，教民顺也。教以慈睦，而民贵有亲；教以敬长，而民贵用命。孝以事亲，顺以听命，错①诸天下，无所不行。

（《礼记·祭义》）

注释

①错：通“措”，安置、施行。

译文

树立仁爱之心从孝顺双亲开始，这样可以教育人民和睦；树立恭敬之心从尊敬长者开始，这样可以教育人民顺从。用慈爱、和睦教育人民，这样人民就知道亲情的可贵；

用尊敬长者来教育人民，这样人民就知道长者之命的重要。用孝心侍奉双亲，用顺从对待命令，以此施行于天下，就没有行不通的事情。

有国家者贵人[1]而贱禄，则民兴让；尚技[2]而贱车[3]，则民兴艺。

（《礼记·坊记》）

注释

①人：此处指人的道德。

②尚技：重视技能。尚，推崇、尊重。

③车：车服，喻享受奢华。

译文

掌管国家的人若重视德行而轻视利禄，那么民众就会竞相谦让；若推崇技能而鄙视奢华，那么民众就会竞相学习本领。

上酌[1]民言，则下天上施[2]；上不酌民言，则犯也；下不天上施，则乱也。故君子信让[3]以莅[4]百姓，则民之报礼重。

（《礼记·坊记》）

〈注释〉

①酌：斟酌。

②下天上施：下，指下民。天，天意，此谓奉为天意。上施，指君上所颁政令。

③信让：信诚谦让。

④莅(lì)：君临。

〈译文〉

在上位的人注意倾听百姓的意见，那么百姓就会把他的政令视为天意；在上位的人不理会百姓的意见，那么百姓就会冒犯他；百姓不把他的政令视为天意，势必会造成混乱。所以，为官者要用信诚和谦让来领导百姓，这样百姓必将厚礼相报。

长民[1]者，朝廷敬老则民作孝。

(《礼记·坊记》)

〈注释〉

①长民：为民之长，即官长、君长。

〈译文〉

为百姓官长者，若在朝堂上尊敬老者，那么百姓间就

会兴起孝敬亲人的风气。

凯以强教之[①]，弟以说安[②]之。乐而毋荒[③]，有礼而亲，威庄而安，孝慈而敬，使民有父之尊，有母之亲，如此而后可以为民父母矣。非至德其孰能如此乎？

（《礼记·表记》）

注释

①凯以强教之：以和乐的态度竭力教化民众。凯，通“恺”，和乐、欢乐。强，竭力、勉力。之，此处与下句“之”代指民众。

②弟以说安之：用顺敬的态度愉悦百姓。说，通“悦”。悦安，使喜悦、安宁。

③荒：谓逸乐过度。

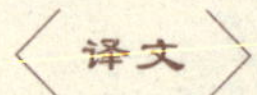

为政者要用和蔼的态度全力教化百姓，用敬顺的态度愉悦百姓。要使他们快乐但不荒怠，循礼又能亲善，威严庄重且能安适，孝顺慈爱且能互相恭敬，使民众对自己有父亲般的尊敬，有母亲般的亲近。为政者做到了这些，才可以称作民之父母。而如果不是具有崇高德行的人，谁能做到这些呢？

上好仁，则下之为仁争先人。故长民者章志[①]、贞教[②]、尊仁，以子爱[③]百姓，民致[④]行己[⑤]以说[⑥]其上矣。

（《礼记·缁衣》）

注释

①章志：表明好恶之心，此处指“好仁”之志。章，同“彰”。

②贞教：谓以正道教民。贞，正。

③子爱：对子女、孩子的爱，此处喻为慈爱。

④致：给予、归还。

⑤行己：自己立身行事。此指“行己以仁”，即能够以仁德约束自己的行为。

⑥说：通“悦”，高兴、宽慰。

译文

假如在上位者看重仁德，那么下面的人就会争先恐后地去体行仁。所以在上位者应当表明自己的好仁志向，用正道教育百姓，尊崇仁德，慈爱百姓，这样，百姓就会竭尽全力地去处世行己，以求得君长的宽心。

大人不亲其所贤而信其所贱，民是以

亲失[①]而教是以烦[②]。

(《礼记·缁衣》)

〈注释〉

①失:丧失,此指失德之人。

②烦:繁多。

〈译文〉

君长不信任贤人而信任卑鄙之人,百姓因此也跟着亲近失德的人,而教令也会变得烦乱了。

民以君为心,君以民为体。心庄[①]则体舒,心肃则容敬。心好之,身必安之;君好之,民必欲之。心以体全,亦以体伤;君以民存,亦以民亡。

(《礼记·缁衣》)

〈注释〉

①庄:严肃、庄重。

〈译文〉

人民把君主当作心脏,君主把人民当作身体。内心肃

静就会身体舒适，内心严肃就会容仪恭敬。心中愉悦，身体就一定安然无恙；君主爱好的，人民也一定想得到。心因为身体而保全，亦因为身体而受到伤害；君因为人民的拥护而存在，亦因为人民的叛离而灭亡。

政之不行也，教之不成也，爵禄不足劝[①]也，刑罚不足耻也。故上不可以亵[②]刑而轻爵。

（《礼记·缁衣》）

注释

①劝：勉励、奖励。

②亵：轻慢、不庄重。

译文

政令之所以不能推行，教化之所以不能成功，是由于爵禄的赏赐不足以激励人们向善，刑罚的实施不足以使人们知耻。所以，君长不可随心所欲地动用刑罚，也不可随意赏赐爵禄。

移风易俗[①]，岂家至[②]之哉？先之身而已矣。

（陆贾《新语·无为》）

〈注释〉

①移风易俗:转变风气,改变习俗。

②家至:挨家挨户地去。

〈译文〉

移风易俗,岂能挨家挨户地去劝导和督促?君主只要从自身做起,率先垂范就可以了。

船非水不可行,水入船中,则其没①也。故曰君子不可不严②也,小人③不可不闲④也。

(刘向《说苑·杂言》)

〈注释〉

①没:沉没。

②严:威严、严肃、严厉。

③小人:此处指人格卑鄙或见识短浅的人。

④闲:约束、限制。

〈译文〉

船没有水不能航行,可是一旦水涌入船舱,船就会沉没。所以说,为政者不能不严肃,对百姓不能不加以约束。

善为吏者树德，不能为吏者树怨。

（《韩非子·外储说左下》）

〈译文〉

用心做官的人在百姓之中树立恩德，不用心做官的人在百姓之中树立怨恨。

概[①]者，平量[②]者也；吏者，平法[③]者也。治国者，不可失平也。

（《韩非子·外储说左下》）

〈注释〉

①概：古时量米谷时用来刮平斗斛的器具。

②平量：刮平量器。量，指量米谷的器具。

③平法：持平法度使不偏斜。

〈译文〉

概，是刮平斗斛中的粮食的器具；官，是公正法度的人。治理国家的人不能失却公平。

德薄而位尊，知[①]小而谋大，力小而任重，鲜[②]不及[③]矣。

（《周易·系辞下》）

注释

①知：通“智”，才识。

②鲜：极少。

③及：遭受祸难。

译文

德行浅薄却居于尊位，才识微渺却谋划大事，能力弱小却身负重任，这样的人很少有不遭受祸难的。

君子[①]之事上也，进[②]思尽忠[③]，退[④]思补过，将顺[⑤]其美[⑥]，匡救其恶[⑦]，故上下能相亲也。

（《孝经·事君》）

注释

①君子：此指统治者或官吏。本篇之“君子”均为此意。

②进：觐见君主。

③尽忠：倾尽忠诚。此指诚实地发表自己的见解。

④退:指退朝。

⑤顺:顺应、顺着。

⑥美:指美德、正确的决策等好的方面。

⑦恶:与"美"相对,指过失。

译文

做臣下的侍奉君主,应当是觐见时就想着诚实地发表自己的见解,退出后就检讨自身以弥补自己的不足,积极推行君主的正确决策,同时匡正其不足之处。这样做,上下级之间才能同心同德。

有善勿专,教不能勿搢[①],已过勿发[②],失言勿踦[③],不善辞[④]勿遂[⑤],行事勿留[⑥]。君子入官,自行此六路[⑦]者,则身安誉至而政从矣。

(戴德《大戴礼记·子张问入官》)

注释

①搢:通"进",超出、超过。

②发:行、做。

③踦:抵触、坚持。

④不善辞:指不易分清是非曲直的官司。辞,词讼、诉讼。

⑤遂:放任、任从。

⑥留：滞留、延迟。

⑦六路：指以上六事。

〈译文〉

遇有好处不要自己独占，教育笨拙之人不要超出他的接受能力，已经犯过的错误不要再犯，话说错了不要再为之辩解，不易判断的官司不要乱判，办事不要拖拉迁延。君子为官若能按这六条去做，可使自身平安，清誉自来，政事也能处理妥当。

君子莅[①]民，不可以不知民之性，达诸民之情，既[②]知其以生有习，然后民特从命也。故世举[③]则民亲之，政均[④]则民无怨。

（戴德《大戴礼记·子张问入官》）

〈注释〉

①莅：治理、掌管。

②既：尽、完。

③举：上升、振兴。

④政均：政治公平、均等。

〈译文〉

官吏治理百姓，不可不知道百姓的性情，明白百姓的

心理，洞悉百姓赖以生存的风俗习惯，然后百姓才特别地服从你的命令。所以，社会兴盛繁荣，百姓就会亲近你；政治清平公正，百姓才无怨言。

君子欲言之见信也者，莫若先虚其内也；欲政之速行也者，莫若以身先之也；欲民之速服也者，莫若以道御之也。故不先以身，虽行比邻[①]矣；不以道御之，虽服必强[②]矣；故非忠信，则无可以取亲于百姓矣；外内不相应，则无可以取信者矣。四者，治民之统[③]也。

（戴德《大戴礼记·子张问入官》）

注释

①比邻：近邻，此处比喻时间不久远。

②强：勉强。

③统：纲纪、纲要。

译文

为官者要想使自己的话语被人相信，最好是先虚心接受别人的意见；要想使政令迅速得到执行，最好是自己先做出表率；要想使百姓尽快服从，最好是用正确的方针政

策管理他们。所以，若不自己先做出表率，政令即使得到执行也不会长久；若不用正确的方针政策管理百姓，百姓即使服从也一定不是心甘情愿；若不遵守诚信，就无法使百姓亲近；若言行不一，就无法取信于民。以上四个方面，是治理百姓的纲要。

善则称[①]人，过则称己，则民不争；善则称人，过则称己，则怨益亡[②]。

（《礼记·坊记》）

注释

①称，称述、称道。

②亡：通“无”，消失。

译文

若有成绩就归功于他人，有过错就归咎于自己，这样百姓就不会争名逐利；若有成绩就归功于他人，有过错就归咎于自己，这样抱怨也就会越来越少了。

下之事上也，虽有庇民[①]之大德，不敢有君民之心，仁之厚也。是故君子恭俭以

求役[2]仁，信让以求役礼，不自尚[3]其事，不自尊其身，俭于位而寡于欲，让于贤，卑己而尊人，小心而畏义，求以事君，得之自是，不得自是，以听天命。

（《礼记·表记》）

注释

①庇民：庇护、保护人民。

②役：为、做。下同。

③尚：崇尚，以……为重要。

译文

地位低的侍奉地位高的，即便有保护人民使其安居乐业的伟大功德，也不敢有君临人民的想法，这是至厚的仁。所以，为官者要恭敬俭朴以求体行仁，诚信谦让以求体行礼，不把自己做的事看得很重，不把自己看得非常尊贵，居官俭朴而清心寡欲，见贤礼让，贬抑自己而尊重别人，小心谨慎而不违背道义，希望以此来侍奉君上，达到目的要这样做，达不到目的也要这样做，顺从天意。

下之事上也，不从其所令，从其所行。上好是物，下必有甚者矣。故上之所好

恶，不可不慎也，是民之表[①]也。

（《礼记·缁衣》）

注释

①表：表率。

译文

下级侍奉上级，往往不是根据他的命令去做，而是根据他的行动去做。上级喜好这种东西，下级必定有甚之。所以，在上位的人的喜好和厌恶应慎之又慎，因为这是民众行为的表率［会给民众以直接的影响］。

上人疑[①]则百姓惑，下难知则君长劳。故君民者，章好[②]以示民俗，慎恶以御民之淫，则民不惑矣。臣仪行[③]，不重辞，不援[④]其所不及，不烦[⑤]其所不知，则君不劳矣。

（《礼记·缁衣》）

注释

①疑：犹豫不定。

②章好：谓明示好恶。

③仪行：谓举止合乎规范。

④援：提供。

⑤烦：烦扰、搅扰。

〈译文〉

在上位的人态度暧昧，百姓就不免疑惑；处下位的人若难以捉摸，君长就不免辛劳。所以，做百姓官长者，一定要表明自己的所好，以引导社会风尚；言行谨慎，以防止百姓任意妄为。这样下去百姓就不会疑惑了。做臣子的要举止合乎规范，不过分重视言辞，不要让君主做力所不及的事，不要混淆君主视听，这样君主就能免于辛劳不堪。

下之事上也，身不正，言不信，则义不壹①，行无类②也。

（《礼记·缁衣》）

〈注释〉

①壹：专一。

②无类：没有常法。类，法式、律例。

〈译文〉

下级侍奉上级，如果举止不端正，言语不诚实，那么他从道义上就不会专一，行动上也不会循常法。

政宽则民慢①,慢则纠②之以猛。猛则民残,残则施之以宽。宽以济③猛,猛以济宽,政是以和。

(《左传·昭公二十年》)

注释

①慢:懈怠、松弛。与下句“猛”相对。

②纠:改正。

③济:帮助、接济。

译文

官吏为政宽松,百姓便会懈怠;百姓怠慢,官吏则会用严厉的政令予以纠正。为政严苛百姓便会遭殃,百姓遭殃则会施行宽松政策。若用宽松政策辅之以严厉措施,用严厉措施辅之以宽松政策,[宽严相济]政局便会和谐。

大哉河海乎,下①之也。夫河下天下之川故广,人②下天下之士故大。

(尸佼《尸子·明堂》)

注释

①下:低,此指地处低洼。

②人：此处特指君王、为官者。

译文

江河大海多么辽阔，这是因为它们处于低洼之地。江河容纳百川所以才辽阔，君王礼贤天下之士所以才伟大。

得之身①者得之民，失之身者失之民。

（尸佼《尸子·处道》）

注释

①身：自己，此指为政者。

译文

为政者能够正确对待自身利益就能得到人民的拥护，反之就会失去人民的拥护。

不出于户①而知天下，不下其堂②而治四方，知反之于己者也。

（尸佼《尸子·处道》）

注释

①户：门户、室门。

②堂:公堂、朝堂。

译文

足不出户却能知晓天下,不下朝堂却能治理四方,这只有那些知道反躬自省的当政者能做得到。

有国家者章善瘅恶[1]以示民厚,则民情不贰[2]。

(《礼记·缁衣》)

注释

①章善瘅(dàn)恶:表彰善行,憎恨恶行。章,彰显、表彰,后作"彰"。瘅,憎恨。

②不贰:有二心、不专一。

译文

掌握国家大权的人要彰善瘅恶,引领人民朴实忠厚,这样人民才会一心向善,没有二意。

政在使民富且寿……薄赋敛则民富,无事则远罪,远罪则民寿。

(刘向《说苑·政理》)

译文

治政之道在于使人民富裕且长寿……赋税轻，人民就富裕；徭役少、不扰民，人民就远离犯罪；人民不获罪就长寿。

鞭朴[①]之子不从父之教，刑戮之民不从君之政，言疾[②]之难行。故君子不急断[③]，不意使[④]，以为乱源。

（刘向《说苑·杂言》）

注释

①鞭朴：鞭子和棍棒，此处用作动词，指用鞭子或棍棒抽打。

②疾：急剧而猛烈。

③急断：匆忙决断。

④意使：随意任使。

译文

经常挨鞭棒抽打的孩子往往不听从父亲的指令，动辄得咎遭受刑罚的臣民反倒不听从君主的政令，这是说简单粗暴的治政理念行不通。所以，为官者不要匆忙决断，不要颐指气使，因为这是乱政的根源。

贞[①]以干[②]之，敬[③]以辅之，待人无倦。见君子则举之，见小人则退之。

（刘向《说苑·杂言》）

注释

①贞：坚贞、有操守。

②干：从事、关涉。

③敬：做事严肃认真，不苟且。

译文

对君上要忠诚地侍奉，认真地辅助，对任何事都不懈怠。发现君子就加以引荐，发现小人就予以黜退。

仁义篇

概述

仁与义是孔子倡导的最为重要的道德范畴。仁，是孔子思想的核心，也是儒家乃至传统士子们追求的最高道德境界，被儒家尊奉为"全德"。朱熹说："百行万善总于五常，五常又总于仁。"其内容主要有两层含义：一是"仁者，爱人"，这是仁的核心。即"博施于民而能济众"，热爱社会，热爱周围所有的人，也就是让世界充满爱。在处理人际关系上要做到"己所不欲，勿施于人""己欲立而立人，己欲达而达人"。二是亲族间的孝顺敬爱，也就是孟子阐释的"亲亲，仁也"。即热爱自己的家人，孝顺父母长辈，友爱兄弟姐妹。所以，孔子倡导的仁是一个由己及人，由父母及君王以至整个社会、国家的与人为善、乐于奉献的高贵品德。仁的倡导和实行，有利于沟通人们的心灵，减少人们的嫌隙和憎恶，弥合人和人之间的裂缝，实现"老者安之，朋友信之，少者怀之"的祥和社会。义，被孔子视为不可或缺的道德品质，是仁人君子的甚至为人的必备素质。如："君子义以为上""君子义以为质""君子喻于义""凡人之所以为人者，礼义也"。在中国传统社会，义与仁、礼、知（智）、信被儒家奉为道德之"五常"。这"五常"贯穿于中华道德伦理的发展中，成为传统价值体系中最核心的因素。

道听而途说[1],德之弃[2]也。

(《论语·阳货》)

注释

①道听而途说:路上听到传闻,随后就在路上传播出去。指没有根据的传闻。后为成语"道听途说"。

②弃:背弃。

译文

散布没有根据的传闻是对道德的背弃。

巧言令色[1],鲜矣仁[2]。

(《论语·学而》)

注释

①巧言令色:指用花言巧语和谄媚的神色取悦人。巧,虚浮不实。令,美好的、动人的。色,神色、表情、面貌。

②鲜矣仁:是很少有仁德的。鲜,少。矣,语气词,表示感叹。

译文

花言巧语、虚情假意的人,是很少有仁德的。

非其鬼[①]而祭[②]之，谄[③]也。见义[④]不为，无勇也。

（《论语·为政》）

注释

①鬼：指祖先的亡灵，这里泛指鬼神。

②祭：祭祀。此处指为祈福进行的祭祀。

③谄（chǎn）：阿谀、谄媚。

④义：正义的事情。

译文

不是你应当祭祀的鬼神却去祭祀它，这是谄媚。见到正义的事而不敢去做，这是没有勇气。

人而[①]不仁，如礼何[②]？人而不仁，如乐[③]何？

（《论语·八佾》）

注释

①而：连词，表示假设。

②如礼何：怎么能行礼呢？如……何，对……怎么办。

③乐：音乐。与礼合称“礼乐”，指礼仪音乐的规范。

〈译文〉

人若是没有仁德，怎么能施行礼呢？人若是没有仁德，怎么能施行乐呢？

里[1]仁为美。择不处[2]仁，焉得知[3]？

（《论语·里仁》）

〈注释〉

①里：居住地、住所，此处用作动词。

②处：安置、居住。

③焉得知：哪能称得上明智？焉，哪里、怎么。知，同“智”，聪明、明智。

〈译文〉

人们以居住在有仁爱氛围的地方为好。不选择居住在这样的地方，怎能说是明智？

不仁者不可以久处约[1]，不可以长处乐[2]。仁者安仁，知者利仁。

（《论语·里仁》）

注释

①约:穷困。

②乐:安乐、欢乐。

译文

没有仁德的人不能长处穷困,也不能长处安乐。有仁德的人不论贫富贵贱都会安于仁,睿智的人会认识到仁的长远利处而行仁。

唯仁者能好①人,能恶②人。

(《论语·里仁》)

注释

①好(hào):喜爱。

②恶(wù):厌恶、憎恨。

译文

只有仁者才能喜欢值得去爱的人,才能厌恶应当厌恶的人。

苟①志②于仁矣,无恶也。

(《论语·里仁》)

〈注释〉

①苟:假若。

②志:立志、有志于。

〈译文〉

假若有志于仁,便不会行恶。

务民之义[1],敬鬼神而远之[2],可谓知[3]矣。

(《论语·雍也》)

〈注释〉

①务民之义:致力于老百姓认为合理的事情。务,从事、致力于。义,指合乎正义的道德、行为或道理。

②敬鬼神而远之:对鬼神采取敬重但又回避的态度。远,不亲近、远离。

③知(zhì):同“智”,聪明、智慧。

〈译文〉

致力于百姓认为合理的事情,尊敬鬼神,但要远离它,就可以算作明智了。

仁者先难[1]而后获，可谓仁矣。

（《论语·雍也》）

注释

①难：艰苦。

译文

艰苦在先，收获在后，可以说算作仁了。

知者[1]乐[2]水，仁者[3]乐山。知者动，仁者静。知者乐[4]，仁者寿。

（《论语·雍也》）

注释

①知者：即“智者”，聪慧、明智的人。

②乐(yuè)：动词，喜欢、爱好、热爱。

③仁者：有仁德的人。

④乐(lè)：快乐。

译文

聪慧的人乐于水，仁德的人乐于山。聪慧的人好动，仁德的人喜静。聪慧的人快乐，仁德的人长寿。

夫仁者，己欲立而立人，己欲达而达人。能近取譬[1]，可谓仁之方[2]也已[3]。

（《论语·雍也》）

〈注释〉

①近取譬：就自身打比方，即推己及人，能联系身边的事情或从自身做起。譬，打比方、譬喻。

②仁之方：实行仁道的办法。方，方法。

③也已：句末语气词。

〈译文〉

所谓仁人，就是要想自己在社会上站得住脚，同时也要使别人站得住脚；要想自己通达，同时也要使别人通达。能够推己及人，可以说这就是践行仁道的办法了。

求仁[1]而得仁，又何怨？

（《论语·述而》）

〈注释〉

①求仁：追求仁德。仁，此处指仁德。

〈译文〉

求仁而得到了仁，又怨恨什么呢？

仁远乎哉？我欲仁，斯[1]仁至矣。

（《论语·述而》）

〈注释〉

①斯：那么、就。

〈译文〉

仁离我们很远吗？我只要一心想为仁，仁就会来到。

若[1]圣与仁，则[2]吾岂敢！抑[3]为之不厌，诲人不倦，则可谓云尔已矣[4]。

（《论语·述而》）

〈注释〉

①若：如果说、至于。

②则：那、那么。

③抑：转折语气词，“不过”“只是”之义。

④云尔已矣：如此而已。云尔，如此、这样。已矣，句末语气词，相当于“罢了”“而已”。

〈译文〉

如果说到圣和仁，那我怎么敢当！只不过朝这方面努

力从不厌烦，教诲别人也从不觉得疲倦，如此而已。

好勇疾贫①，乱也。人而不仁，疾之已甚②，乱也。

（《论语·泰伯》）

注释

①疾贫：厌恶、憎恨贫穷。疾，厌恶、憎恨。

②已甚：太过分。已，太。甚，严重、厉害。

译文

一个人若喜好勇武且厌恶贫穷，就会造成祸乱。一个人若不行仁义且嫉恨太甚，也会造成祸乱。

克己复礼为仁①，一日②克己复礼，天下归仁焉③。为仁由己，而由人乎哉？

（《论语·颜渊》）

注释

①克己复礼为仁：克制自己，使自己的言行都符合礼的要求，这就是仁。克，克制、约束。复，合、重复，这里是“符合”“一致”的意思。

②一日：有朝一日、一旦。

③天下归仁焉：普天下的老百姓都会向往归附仁德。归，归附。

译文

克制自己，努力使自己的言行合乎礼制，这就是仁。一旦这么做了，天下的人都会归附仁德。行仁取决于自己，难道由别人决定吗？

仁者，其言也讱[①]。

（《论语·颜渊》）

注释

①讱(rèn)：言不易出，指说话谨慎。

译文

有仁德的人说话十分谨慎。

君子义以为上[①]。君子有勇而无义为乱，小人有勇而无义为盗。

（《论语·阳货》）

注释

①义以为上:即“以义为上”,以义为高尚。上,通“尚”,崇尚、高尚。

译文

君子认为义最为高尚。如果君子有勇无义就会犯上作乱,如果小人有勇无义就会成为强盗。

刚[1]、毅[2]、木[3]、讷[4]近仁。

(《论语·子路》)

注释

①刚:刚强、坚强。

②毅:果敢、坚毅。

③木:朴实、质朴。

④讷(nè):说话迟钝,口齿不利。此指言语谨慎,寡言少语。

译文

一个人的行为表现若具备刚强、果断、质朴、谨慎几个方面,可以说基本具备了仁的气质。

有德者必有言，有言[①]者不必有[②]德。仁者必有勇，勇者不必有仁。

（《论语·宪问》）

注释

①言：言论，此处指合乎礼义道德的言论。

②不必有：不一定有、未必有。

译文

有德行的人一定有合乎道德的言论，有合乎道德言论的人不一定有德行。有仁义的人一定勇敢，勇敢的人不一定有仁义。

仁者不忧，知[①]者不惑，勇者不惧。

（《论语·宪问》）

注释

①知：同“智”。

译文

仁德的人不忧愁，聪慧的人不迷惑，勇敢的人不畏惧。

志士[①]仁人[②]，无求生以害[③]仁，有杀身以成仁。

（《论语·卫灵公》）

注释

①志士：有远大志向的人。

②仁人：言行、道德高尚的人。

③害：妨害、损害。

译文

志士仁人，不能为了保全自己的生命而损害仁，他们宁肯牺牲自己也要成就仁。

君子义以为质[①]，礼以行之，孙以出之[②]，信以成之。君子哉！

（《论语·卫灵公》）

注释

①义以为质：即“以义为质”的倒装，即以义为根本。下句“礼以行之”同此。质，根本、本质。

②孙（xùn）以出之：即“出之以孙”，以谦逊的语言来表达它（即“义”）。孙，同“逊”，谦逊。出，表达。

译文

君子以义为根本，并依礼来施行，用谦逊的语言来表达，以诚实的态度来践行。这才真是君子啊！

民之于仁也，甚[1]于水火。水火，吾见蹈而死者矣，未见蹈[2]仁而死者也。

（《论语·卫灵公》）

注释

①甚：胜过、超过。

②蹈（dǎo）：踏、踩，此处指实行。

译文

百姓对仁德的需求比对水火的需求更迫切。我见过赴汤蹈火而死的，却未见过实行仁德而死的。

当仁，不让于师。

（《论语·卫灵公》）

译文

碰到需要发挥仁的精神的时候，就是老师也不必同他谦让。

能行五者于天下，为仁矣。……恭、宽、信、敏、惠。恭则不侮，宽则得众，信则人任焉，敏则有功，惠则足以使人。

（《论语·阳货》）

译文

一个人在世上若能实行五种品德，就是达到了仁。这五种品德即庄重、宽厚、诚信、勤勉、慈惠。庄重就不致遭受侮辱，宽厚就能得到众人的拥戴，诚信就能得到别人的任用，勤勉就能取得成功，慈惠就能够很好地使用他人。

礼乐篇

概述

礼之本义指礼仪，乐之本义指音乐。在西周春秋时期，不同身份的人要使用不同的礼仪，享用不同的音乐，所以，礼乐又是身份与等级的象征。孔子十分重视礼乐的作用，认为礼乐是成人、做人的基本规范。他说："不学礼，无以立。""非礼勿视，非礼勿听，非礼勿言，非礼勿动。"他认为礼乐是治理社会的利器，"移风易俗，莫善于乐；安上治民，莫善于礼"。在孔子看来，礼乐还是社会制度与社会秩序的最高体现，对于那些违反礼乐制度者，他会高呼："是可忍也，孰不可忍也！"对于那些"为礼不敬者"，他会感叹："吾何以观之哉！"他所梦想的"天下有道"的理想社会，其根本特征就是"礼乐征伐自天子出"。当然，我们在诵读孔子关于礼乐的语录时，更需要注意其文化与精神的价值。

八佾① 舞于庭，是② 可忍也，孰③ 不可忍也？

（《论语·八佾》）

注释

①佾(yì)：古代奏乐舞蹈的行列。按周礼规定，每佾八人，天子使用八佾，诸侯使用六佾，大夫使用四佾，士使用二佾。当时鲁国大夫应使用四佾，然而他却擅自使用八佾，是严重的僭越行为。

②是：代词，这。此处代指“八佾舞于庭”。

③孰(shú)：什么。

译文

[鲁大夫季氏]在庭院中竟僭用天子的八佾舞乐，若对这种僭越行为都能够容忍的话，还有什么事情不能容忍呢？

居① 上不宽②，为礼不敬，临③ 丧不哀，吾何以观之哉？

（《论语·八佾》）

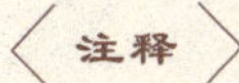

①居：处于。

②宽：宽厚、宽宏大量。

③临：遭遇、面对，此处意为参与、参加。

译文

执政者高高在上不宽厚待人，行礼时不严肃认真，参与丧事时也不哀痛，这种情况我怎能看得下去呢？

君使[1]臣以礼，臣事[2]君以忠。

（《论语·八佾》）

注释

①使：使用、驱使。

②事：服侍、侍奉。

译文

君主要依礼来使用臣子，臣子要用忠诚来回报君主。

殷[1]因[2]于夏[3]礼，所损益可知也；周[4]因于殷礼，所损益可知也；其或继周者，虽百世，可知也。

（《论语·为政》）

〈注释〉

①殷:即殷商(前16～前11世纪)。

②因:因循、继承。

③夏:我国第一个奴隶制王朝(前21～前16世纪)。

④周:周王朝。周王朝是继商而起的王朝,分西周(前11世纪～前770年)与东周(前770～前256年)两个时期。东周又分春秋和战国两个时期,从公元前770年周平王东迁洛邑(今河南洛阳)起,到公元前256年被秦所灭为止。春秋(前770～前475年)晚期是孔子所生活的时代。

〈译文〉

殷商继承夏朝的礼仪制度,其中所减损与增加的内容是可以知道的;周朝继承殷商的礼仪制度,其中所减损与增加的内容是可以知道的;以后如果有继承周朝的王朝,即使是百代以后,它的礼仪制度也是可以由此类推而知道的。

周监于二代①,郁郁乎文哉②!吾从③周。

(《论语·八佾》)

〈注释〉

①监(jiàn):同“鉴”,借鉴。二代:指夏、商二代。

②郁(yù)郁乎文哉:礼乐制度多么丰富多彩呀!郁郁,丰富、繁盛的样子。文,此处指礼乐制度。

③从:遵循、跟从。

〈译文〉

周朝借鉴了夏、商二代的礼乐,礼乐制度多么繁盛啊!我愿遵循周朝的礼乐制度。

能以礼让[1]为国[2]乎?何有[3]?不能以礼让为国,如礼何?

(《论语·里仁》)

〈注释〉

①礼让:按礼的原则谦让。

②为国:治理国家。

③何有:即"有何",此处指有什么困难。

〈译文〉

果真能用礼让来治理国家吗?若能这样,治国有什么困难呢?不能以礼让治国,怎能实行礼呢?

法语之言[1],能无从乎?改之为贵。

巽与之言[②]，能无说[③]乎？绎[④]之为贵。说而不绎，从而不改，吾末[⑤]如之何[⑥]也已矣。

（《论语·子罕》）

注释

①法语之言：指合乎礼仪规则的话。法，法令、法律、制度，这里指礼仪规则。

②巽(xùn)与之言：指谦恭顺耳的话。巽，谦逊。与，赞许。

③说(yuè)：同"悦"，高兴。

④绎(yì)：抽丝。引申为寻究、分析。

⑤末：没有。

⑥如之何：怎么样、怎么办。

译文

符合礼仪规则的话，谁能不听从呢？以此来改正错误才可贵。谦恭顺耳的话，谁听了能不高兴呢？对此分析一下才可贵。只知高兴而不分析道理，只知听从而不改正错误，对于这种人我实在没办法！

恭[①]而无礼[②]则劳[③]，慎而无礼则葸[④]，勇而无礼则乱[⑤]，直而无礼则绞[⑥]。

（《论语·泰伯》）

注释

①恭:谦逊、恭敬。

②礼:古代社会的法则、礼仪。“礼”自“周礼”演化而来,是协调社会关系、制约人们行为的规范和标准。在孔子思想中,“礼”是一个非常重要的范畴,是重要的伦理道德规范。

③劳:徒劳、烦劳。

④葸(xǐ):畏缩、拘谨。

⑤乱:作乱,犯上作乱。

⑥绞:说话尖刻,为人刻薄。

译文

只是一味地谦恭而不知礼,就会烦劳;只是一味地谨慎而不知礼,就会拘谨;只是一味地勇猛而不知礼,就会闯祸;只是一味地直率而不知礼,就会尖刻。

先进于礼乐①,野人②也;后进③于礼乐,君子④也。如用之,则吾从先进。

(《论语·先进》)

注释

①先进于礼乐:指先学习礼乐而后做官的人。

②野人:原指乡野之人、农夫,此处泛指没有官职的平民。

③后进:指先做官而后学习礼乐的人。

④君子:此处指贵族男子。

译文

先学习礼乐而后做官的,是平民百姓;先做官而后学习礼乐的,是贵族。如果选用人才,那我就选用先学习礼乐而后做官的人。

上好礼,则民易使也。

(《论语·宪问》)

译文

如果统治者喜好礼,那么老百姓就容易驱使了。

兴[①]于《诗》,立于礼,成于乐。

(《论语·泰伯》)

注释

①兴:兴起,这里引申为“振奋”“激发”。

译文

《诗》可使人振奋,礼可使人立足于社会,音乐可使人

学以有成。

非礼勿视，非礼勿听，非礼勿言，非礼勿动。

（《论语·颜渊》）

〈译文〉

不合于礼的东西不看，不合于礼的言论不听，不合于礼的语言不说，不合于礼的事情不做。

礼，与其奢也，宁俭[①]；丧，与其易[②]也，宁戚[③]。

（《论语·八佾》）

〈注释〉

①与其……宁：选择连词，比较两方面的利害得失，选取一方面，舍弃另一方面。“与其”表示舍弃的一面，“宁”表示肯定的一面。可译为“与其……不如……”。

②易：办理、治理。此处指仪式办理得妥当、周全。

③戚：悲哀、哀戚。

〈译文〉

就礼仪来说，与其烦琐，不如俭约；就丧礼来说，与其

仪式周全，不如心中真正悲伤。

不学礼，无以立。

（《论语·季氏》）

〈译文〉

不学礼，就无法立足于社会。

夏礼，吾能言之，杞[1]不足征[2]也；殷礼，吾能言之，宋[3]不足征也。文献[4]不足故也。足，则吾能征之矣。

（《论语·八佾》）

〈注释〉

①杞（qǐ）：古国名，在今河南杞县一带，相传为夏禹之后。

②征：证明、印证。

③宋：古国名，都于今河南商丘，为殷商之后。

④文献：文，典籍；献，熟知典籍和史实的贤人。

〈译文〉

夏朝的礼仪制度，我能说出，但其后代杞国的礼仪却无法考证；殷商的礼仪制度，我能说出，但其后代宋国的礼

仪也无法考证。这是由于缺乏典籍与谙熟典籍的贤人。如果他们的典籍与贤人充足,我就能够考证了。

乐其可知也:始作,翕[1]如也;从[2]之,纯[3]如也,皦[4]如也,绎[5]如也,以成[6]。

(《论语·八佾》)

注释

①翕(xī):协调。

②从:同“纵”,展开、放纵。

③纯:和谐、美好。

④皦(jiǎo):清晰、分明。

⑤绎:连续不断。

⑥以成:而后告成、结束。

译文

音乐是可知的:开始演奏时,各种乐器协调合奏;继而展开来,悠扬悦耳,音节分明,绵长流转,以至曲终。

上好礼,则民莫敢不敬;上好义,则民莫敢不服;上好信,则民莫敢不用情[1]。

(《论语·子路》)

〈注释〉

①莫敢不用情：没有谁敢不说真话。莫，没有谁。情，与“伪”相对，指真情实意，忠诚，衷心。

〈译文〉

身居上位的人若重视礼，百姓就不敢不敬畏；身居上位的人若重视义，百姓就不敢不服从；身居上位的人若重视信，百姓就不敢不用真情。

礼云礼云[①]，玉帛云乎哉[②]？乐云乐云，钟鼓云乎哉？

（《论语·阳货》）

〈注释〉

①礼云礼云：礼呀礼呀。云，句末语助词，无实义，相当于现代汉语的“呀”“啊”。

②玉帛云乎哉：只是指玉帛之类的礼器吗？玉帛，指举行礼仪时使用的玉器、丝帛等礼器。云乎哉，复合语助词，相当于“如此而已吗”。

〈译文〉

礼呀礼呀，难道只是指玉帛之类的礼器吗？乐呀乐

呀,难道只是指钟、鼓之类的乐器吗?

天下有道,则礼乐征伐自天子出[①];天下无道,则礼乐征伐自诸侯出。自诸侯出,盖[②]十世希[③]不失[④]矣;自大夫出,五世希不失矣;陪臣[⑤]执国命[⑥],三世希不失矣。天下有道[⑦],则政不在大夫。天下有道,则庶人不议[⑧]。

(《论语·季氏》)

〈注释〉

①礼乐征伐自天子出:制作礼乐制度和出兵征伐都由天子决定。

②盖:大概。

③希:同“稀”,少有。

④不失:指君统能继续传下去。

⑤陪臣:卿、大夫的家臣。

⑥执国命:掌握国家政权。

⑦有道:指国家政治清明,社会太平。

⑧不议:指不议论朝政。

〈译文〉

天下有道,则礼乐、征伐都由天子决定;天下无道,则

礼乐、征伐都由诸侯僭越决定。由诸侯执掌国政,大概经过十代很少有不垮台的;由大夫执掌国政,经过五代很少有不垮台的;由陪臣执掌国政,经过三代很少有不垮台的。天下有道,国家政权就不会旁落大夫之手。天下有道,老百姓就不会妄议朝政。

人而不为《周南》《召南》[1],其犹正墙面而立[2]也与[3]!

(《论语·阳货》)

注释

①《周南》《召南》:《诗经·国风》中的开头两篇。周南和召南是两个地域名称,大体上周南是汉水流域东部,召南是汉水流域西部。《周南》和《召南》是采自这两个地区的民歌。儒家认为这两个地区的歌是合乎礼义的。

②正墙面而立:面向墙壁站立。指无法向前行走。

③也与:复合语气词,相当于现代汉语中的"啊""吧"。

译文

一个人如果不学习《周南》《召南》,就像面对墙壁站立无法行走一样啊!

教民亲爱，莫善于孝。教民礼顺[①]，莫善于悌[②]。移风易俗[③]，莫善于乐。安上治民，莫善于礼。

（《孝经·广要道》）

〈注释〉

①礼顺：依礼顺从尊长。

②悌：敬爱兄长。

③移风易俗：谓改变社会风气和民间习俗。移、易，改变、使……变化。

〈译文〉

教育人民相亲相爱，没有比倡导孝行更好的了；教育人民遵循长幼之序，没有比弘扬悌道更好的了；改善社会不良风气和习俗，没有比倡导音乐更好的了；安定国家、治理民众，没有比倡导礼仪更好的了。

居处[①]恭，执事敬[②]，与人忠[③]。虽之[④]夷狄[⑤]，不可弃也。

（《论语·子路》）

〈注释〉

①居处：平时的行为举止。

②执事敬：办事严肃认真。执事，做事情、主持工作。敬，严肃认真、不苟且。

③与人忠：待人忠心诚实。与，交往。

④之：往、到。

⑤夷狄：我国古代对东方和北方少数民族的泛称。

〈译文〉

平时谦逊有礼，办事严肃认真，对人忠心诚实。即使到了未开化的夷狄地区，这些原则也不能放弃。

去尔恶心，而忠于与[①]之。敏其行，修其礼，千里之外，亲如兄弟。若行不敏，礼不合，对门[②]不通矣。

（刘向《说苑·杂言》）

〈注释〉

①与：帮助。

②对门：门户相对，指近邻。

〈译文〉

去掉你的不良心态，诚恳无私地给人帮助。做事要敏捷，要讲究礼仪，这样做了，即使远隔千里，也会亲如兄弟。如果行动不敏捷，做事违礼，即使住在对门，也不相往来。

忠信篇

概述

忠信是孔子所提出的社会行为准则，在儒家伦理道德观念中具有重要地位。孔子曾言："主忠信，徙义，崇德也。""人而无信，不知其可也。"把忠信视作为人之本。不过，此处之"忠"是指忠人之事，专注不二。如孔子言，居官位者对于政务要"居之无倦，行之以忠"。此处之"信"是指少说多做，"言必信，行必果"。如孔子言："欲人之信己也，则微言而笃行之。"因而，忠、信又是相通相连的一对范畴。拥有了忠信，可以为世人所拥护，更可以治国理政。孔子言："恭敬忠信，可以为身。""忠则人与之，信则人恃之。""人所欲，人所恃，必免于祸矣，可以临国家，何况于身乎！"认真领会，我们不难发现，这不就是中国式的契约精神吗？

主忠信[①],无友不如己者[②]。过则勿惮[③]改。

(《论语·学而》)

〈注释〉

①主忠信:以忠和信两种道德为主,即崇尚忠、信。主,以……为主,指重视、崇尚。忠、信是孔子思想体系中两项重要范畴,指的也是道德品质和伦理规范。

②无友不如己者:不要同不如自己的人交朋友。无,不要。友,以……为友,交……朋友。不如己,即不如自己。

③惮(dàn):害怕、畏惧。

〈译文〉

为人处世要立足于忠和信两种道德。不要与不如自己的人交朋友。有了过错,就不要害怕改正。

人而[①]无信,不知其可也。大车无輗[②],小车无軏[③],其何以行之哉?

(《论语·为政》)

〈注释〉

①而:连词,表示假设,相当于"如果""假若"。

②輗(ní):古代大车车辕前面横木上的木销子。大车,即牛车。

③軏(yuè):古代小车车辕前面横木上的木销子。小车,即马车。车上若无輗、軏,便无法套驾牲口。古人往往用輗、軏比喻事物的关键。

〈译文〉

一个人如果不讲信用,不知他如何立身处世。这如同大车没有輗,小车没有軏,又怎么能够行走呢?

古者言之不出①,耻躬②之不逮③也。

(《论语·里仁》)

〈注释〉

①言之不出:言论不轻易出口。

②躬:自己、自身。

③逮:赶上、及、达到。

〈译文〉

古时人们不轻易把话说出口,是怕自己说得出却做不到啊。

主忠信①,徙义②,崇德也。

(《论语·颜渊》)

注释

①主忠信:以忠诚信实为根本。主,作动词,以……为根本,以……为主。

②徙义:向义靠拢,这是说唯义是从。徙,迁移。

译文

以忠诚信实为人生根本,坚守道义,就可以提高品德。

居①之无倦,行②之以忠。

(《论语·颜渊》)

注释

①居:指居于官位者。

②行:执行政令。

译文

身居官位者理政时不能疲倦懈怠,执行政令时要忠诚无二。

言忠信，行笃敬，虽蛮貊[①]之邦，行[②]矣。言不忠信，行不笃敬，虽州里[③]，行乎哉？立则见其参于前[④]也，在舆则见其倚[⑤]于衡[⑥]也，夫然后行。

（《论语·卫灵公》）

注释

①蛮貊(mò)：我国古代统治阶级对南方和东北少数民族带有污蔑性的称呼。

②行：指将自己的思想主张付诸实践，使自己在社会上通达、行得通。

③州里：州和里是古代的居民组织。两千五百家为州(一说一万家)，二十五家为里。此处“州里”指本乡、故里。

④参于前：显现于眼前。参，见、显。

⑤倚：指斜靠在某物上。

⑥衡：车辕前的横木。

译文

言语忠诚信实，行为宽厚谨慎，即使到了蛮貊地区，也能行得通。言语欺诈无信，行为刻薄轻浮，即使在本乡本土，能行得通吗？站着，就仿佛看见“忠信、笃敬”几个字在眼前；坐在车上，就仿佛看见这几个字刻在横木上。这样才能使自己在社会上行得通。

君子进德修业。忠信，所以进德也；修辞[①]立其诚，所以居业[②]也。知至[③]至之[④]，可与言几[⑤]也；知终终之，可与存义[⑥]也。是故居上位而不骄，在下位而不忧。故乾乾[⑦]因其时而惕，虽危无咎矣。

（《周易·文言》）

注释

①修辞：学习言辞。

②居业：积功业，保功业。居，蓄养、储存。

③知至：知道所要到达的地方。至，到。

④至之：努力达到它。至，通“致”，招致、达到。

⑤几：隐微、几微。

⑥义：通“宜”，适宜、适当。

⑦乾乾：自强不息的样子。

译文

君子要修养道德，建立功业。忠实守信，是为了修养道德；注意言辞，树立诚信，是为了积聚功业。知道事情发展的走势就顺势而推，可以与之探讨隐微之事；觉察事情应该结束就适可而止，做事可以稳妥无误。因此，身居高位不骄不矜，处于下位不忧不虑。所以，自强不息并时刻警惕，这样，即使境况危险也能消灾免祸。

君子知之曰知之，不知曰不知，言之要[①]也；能之曰能之，不能曰不能，行之至也。言要则知[②]，行至则仁。既知且仁，夫恶有[③]不足矣哉？

（《荀子·子道》）

注释

①要：关键、要领。

②知：通“智”。

③恶有：哪有。

译文

作为君子，知道就说知道，不知道就说不知道，这是说话的要领；能做到就说能做到，做不到就说做不到，这是做事的宗旨。说话合乎要领就是智，做事合乎宗旨就是仁。既智又仁，哪还有不足的地方呢？

恭敬忠信，可以为身[①]。恭则免[②]于众，敬则人爱之，忠则人与[③]之，信则人恃[④]之。人所爱、人所与、人所恃，必免于患矣，可以临[⑤]国家，何况于身乎！

（刘向《说苑·敬慎》）

〈注释〉

①为身:立身处世。

②免:避免、免除,此谓免于祸患。

③与:帮助。

④恃:依赖、依仗。

⑤临:统管、执掌。

〈译文〉

一个人做到谦恭、礼敬、忠实、守信,就可以立身于世。谦恭就会被众人所礼遇,礼敬就会被人们所爱戴,忠实就能得到别人帮助,守信就能被人们信赖。一个人若被人们所爱戴、帮助、信赖,一定能免于祸患。做到这些完全可以去治理国家,不止是立身处世!

欲人之信己也,则微言而笃行[①]之,笃行之则用日久,用日久则事著明[②],事著明则有目者莫不见也,有耳者莫不闻也,其可诬[③]哉?

(徐幹《中论·贵验》)

〈注释〉

①微言而笃行:谓轻视言论而注重行动。微,低下、细微,此

为轻视之意。笃,重视、专注。

②著明:显明。

③诬:歪曲。

译文

若要别人相信自己,就少说空话多做实事,做实事还要持之以恒地做,时日久了事迹就会彰显出来,人们自然有目共睹、有耳皆闻。这样,谁还能诬枉他呢?

君子篇

概述

“君子”一词在先秦时代被广泛使用。最初的“君子”着眼于社会地位，是对地位高的统治者和贵族男子的通称，往往与“小人”或“野人”对举；到了孔子时代，“君子”开始被赋予道德品质的属性，是孔子理想化的人格化身，多指人格高尚、品行兼优、才德并茂之人。《论语》一书，所论最多的无疑是君子或与君子相关的问题，多达107处。孔子对君子的人格塑造十分丰满：他既是具有仁、知（智）、勇等高尚德性的仁德之人，在乐道好学、做官理政、为人处世等方面，也是出类拔萃者。孔子的君子观为后世提供了一种人生导向，所以，从孔子起，君子就成为中国传统社会成员的楷模，是文人士子追求的理想人格。值得一提的是，孔子还言传身教，用自己一生的实践——从日常起居、言谈举止到立身处世，处处展现出正人君子的风范和品格，真是当之无愧的“万世师表”。

君子不器①。

（《论语·为政》）

注释

①器：器皿、器物。器皿的用途比较狭窄、有限，孔子在这儿以此代指知识、才用的狭窄。

译文

君子不要像器皿那样才用狭窄，要多才多艺。

先行①，其言而后从②之。

（《论语·为政》）

注释

①行：践行，常与“言”对举。

②从：跟随，此指“言”。

译文

作为君子，要把自己想说的言论先付诸行动，做到之后再说出来。

君子周①而不比②，小人③比而不周。

（《论语·为政》）

注释

①周：亲近、相合，指正常的交往与团结。

②比（bǐ）：朋比、勾结，指因共同利益而相互勾结。

③小人：古代的“小人”有两层意思：一是指地位卑微的人，一是指道德低下的人。此处指后者。

译文

君子与人正常地交往而不为利勾结，小人则暗中勾结而不正常地交往。

君子无所争。必也射①乎！揖让而升②，下而饮。其争也君子。

（《论语·八佾》）

注释

①射：射礼，古代六艺（礼、乐、射、御、书、数）之一，系使用射箭的方法进行竞赛。

②揖（yī）让而升：相互作揖行礼后升堂射箭。揖让，古代宾主相见的礼节，拱手、低首、弯腰相让，以示礼让。

〈译文〉

君子无所争。如果一定要相争,也就是在比赛射箭之时!但也会先相互作揖相让,然后升堂射箭;赛后下堂又相互敬酒。这种相争就是君子之争。

君子去①仁,恶乎②成名?君子无终食之间违仁③,造次必于是④,颠沛⑤必于是。

(《论语·里仁》)

〈注释〉

①去:离开。

②恶(wū)乎:相当于"何""怎么"。

③无终食之间违仁:不能有片刻时间背离仁。终食之间,吃完一顿饭的时间,喻时间短促。

④造次必于是:紧迫仓促时必须如此。造次,仓促、紧迫。于是,如此,指不背离仁,按仁办事。

⑤颠沛:跌倒在地,引申为流离失所。

〈译文〉

君子离开了仁,还算什么君子?君子片刻也不能离开仁,即使在紧迫仓促之际也必须按仁办事,在颠沛流离之时也必须依仁行事。

君子之于天下也，无适①也，无莫②也，义之与比③。

（《论语·里仁》）

注释

①适（dí）：可，适宜、适合。

②莫：不可。

③比：比较、比照。此处可译为“衡量”“以……为标准”。

译文

君子对于天下的人和事，既无可又无不可，只以义为衡量标准。

君子怀①德，小人怀土②；君子怀刑③，小人怀惠。

（《论语·里仁》）

注释

①怀：关注、注重、关心。

②土：乡土、土地。

③刑：法度。

〈译文〉

君子注重道德修养，小人注重田地经营；君子关注国家法度，小人关注个人利益。

君子喻[1]于义，小人喻于利。

（《论语·里仁》）

〈注释〉

①喻：明白、懂得。

〈译文〉

君子通晓礼义，小人通晓私利。

君子欲讷[1]于言而敏[2]于行。

（《论语·里仁》）

〈注释〉

①讷：言语迟钝，又引申为言语谨慎。

②敏：敏捷、勤勉，此处指行事疾迅而勤勉。

〈译文〉

君子要言语谨慎迟缓而办事敏捷勤勉。

君子周[1]急不继[2]富。

(《论语·雍也》)

〈注释〉

①周:周济、救济。

②继:接济、帮助。

〈译文〉

君子只周济贫困的人,而不必接济富有的人。

女为君子儒[1],无为小人儒。

(《论语·雍也》)

〈注释〉

①君子儒:儒者中的君子。先秦时期指熟悉诗、书、礼、乐,活动于礼仪、教育等方面的一类人。

〈译文〉

你要做个君子式的儒者,不要做那小人式的儒者。

质[1]胜文[2]则野[3],文胜质则史[4]。文

质彬彬⑤,然后君子。

(《论语·雍也》)

注释

①质:朴实、质朴,即内在的本质。与“文”相对。

②文:文采、华美,即外在的言辞、仪容、风貌。与“质”相对。

③野:朴拙、粗俗、简鄙。

④史:言辞华丽,这里有“虚伪”“浮夸”的意思。

⑤彬彬:掺杂搭配适当,即内在本质与外在风采相称、协调统一。

译文

质朴胜过文采就显粗俗,文采胜过质朴就会虚浮。文采和质朴配合适当,这才是君子的气质。

君子可逝①也,不可陷②也;可欺也,不可罔③也。

(《论语·雍也》)

注释

①逝:去。指为求仁而死。

②陷:陷阱、坑穴。此指陷于困境。

③罔:愚弄、陷害。

〈译文〉

君子可以为求仁而死，却不能身陷困境而不能自拔；君子可以被欺骗，却不能被愚弄。

君子博学于文[①]，约之以礼[②]，亦可以弗畔矣夫[③]！

（《论语·雍也》）

〈注释〉

①博学于文：广泛地学习诗、书、礼、乐和典章制度。博，多、丰富、广泛。文，文献典籍，此指儒家的典籍及礼仪制度。

②约之以礼：用礼来约束自己。约，约束、节制。

③亦可以弗畔矣夫：也就不会离经叛道了。畔，同“叛”。矣夫，句末语气词。

〈译文〉

君子博学多识，并用礼来约束自己，也就不至于离经叛道了。

君子坦荡荡[①]，小人长戚戚[②]。

（《论语·述而》）

注释

①坦荡荡:指心胸宽广开朗。坦,平坦。荡荡,宽广的样子。

②长戚戚:经常忧愁多虑。长,经常。戚戚,忧愁的样子。

译文

君子心胸坦荡无私,小人经常忧愁多虑。

君子不忧不惧。……内省不疚[①],夫[②]何忧何惧?

(《论语·颜渊》)

注释

①内省(xǐng)不疚(jiù):内心反省,无愧于心。内省,内心反省,自我检查。疚,内心痛苦、忧苦,这里指有愧于心。

②夫:语气词,无实意。

译文

君子无忧无惧。……如果做到了反躬自省而问心无愧,那还有什么可忧愁、可畏惧的呢?

君子成人之美,不成人之恶[①]。小人

反是[2]。

(《论语·颜渊》)

注释

①恶(è):坏事。

②反是:与此相反。是,这。

译文

君子乐于成全别人的好事,不去促成别人的坏事。小人则与此相反。

君子于其所不知,盖阙如也[1]。名不正则言不顺[2],言不顺则事不成,事不成则礼乐不兴,礼乐不兴则刑罚不中[3],刑罚不中则民无所错手足[4]。故君子名之必可言也,言之必可行也。君子于其言,无所苟而已矣[5]。

(《论语·子路》)

注释

①盖阙如也:大都采取存疑的态度。盖,句首语气词,有“大概”的意思,实际上表示肯定。阙,同“缺”,指存疑,即阙而不论,

存疑不言。如,形容词词尾,相当于“……的样子”。

②名不正则言不顺:名,名称、名分。孔子按照周礼的标准,要求社会上的人各从其类,各守其位,行事都要合乎他的名分。

③不中(zhòng):指不得当。中,符合、适合。

④无所错手足:没有放手脚的地方,亦即不知如何是好。错,同“措”,放。

⑤君子于其言,无所苟而已矣:君子对于自己所说的话,处处马虎不得,即不能不严肃认真啊。于,对于。苟,马虎、随便、不严肃,与“敬”相对。

译文

君子对于他所不知道的事情,大都采取存疑的态度。名分不正,言语就不能顺理成章;言语不顺理成章,事情就不能办好;事情办得不好,礼乐制度就不能走上轨道;礼乐制度不能走上轨道,刑罚就不能得当;刑罚不得当,老百姓就茫然不知所措。所以,君子确定的名分一定要言之成理,并且一定能行得通。君子对于自己的言论,一定要严肃认真啊。

君子和而不同,小人同而不和。

(《论语·子路》)

译文

君子为人处世追求和谐,但不盲目附和;小人则一味

盲目附和,却不能保持和谐。

君子易事①而难说②也。说之不以道,不说也;及其使人也③,器之④。小人难事而易说也。说之虽不以道,说也;及其使人也,求备焉。

(《论语·子路》)

注释

①易事:容易办事。

②说,同"悦",使……高兴,取悦、喜欢。

③及其使人也:而当他使用人的时候。及,到。其,代词,他,指君子。

④器之:根据各人的才能而加以使用。器,才能、本领。此处为动词,意思是认为有才能,器重。之,代词。

译文

在君子手下办事很容易,但很难博取他的欢心。不按正道去讨得他的欢喜,他是不会喜欢的。而他用人时却能量才录用。在小人手下办事很难,而要讨得他的喜欢却很容易。即使不按正道去讨好他,也会得到他的喜欢;而他用人时,却往往求全责备。

君子泰[1]而不骄[2]，小人骄而不泰。

（《论语·子路》）

〈注释〉

①泰：安宁、舒泰。

②骄：骄横、傲慢放纵。

〈译文〉

君子平和坦然而不傲慢凌人，小人傲慢凌人而不平和坦然。

君子而不仁者有矣夫，未有小人而仁者也。

（《论语·宪问》）

〈译文〉

君子之中没有仁德的人是有的，小人之中有仁德的人是没有的。

君子上达，小人下达。

（《论语·宪问》）

译文

君子向上通达于仁义，小人向下通达于财利。

君子耻①其言而②过其行。

（《论语·宪问》）

注释

①耻：以……为耻。

②而：助词，相当于“之”。

译文

君子以说得多做得少为耻。

君子固①穷，小人穷斯滥②矣。

（《论语·卫灵公》）

注释

①固：固守、安守。

②滥：过度、无节制。

译文

君子能安守贫穷，若小人贫穷就无所不为了。

君子病[1]无能焉，不病人之不己知也。

（《论语·卫灵公》）

注释

①病：担心、忧虑。

译文

君子只担心自己没有才能，不担心别人不知道自己。

君子疾[1]没世[2]而名不称[3]焉。

（《论语·卫灵公》）

注释

①疾：厌恶、憎恨、遗恨。

②没（mò）世：死亡、去世。

③称（chēng）：称道、称颂。

译文

君子遗憾自己死后而没有清名为人称颂。

君子求诸己[①],小人求诸人。

(《论语·卫灵公》)

注释

①求诸己:严格要求自己。求,要求。诸,相当于"之于"。

译文

君子严格要求自己,小人则苛求别人。

君子矜[①]而不争,群而不党[②]。

(《论语·卫灵公》)

注释

①矜(jīn):慎重、矜持。

②群而不党:合群而不结帮派。党,由私人利害关系结成的集团,同伙的人、同类、党徒,此处用作动词,指结党营私、拉帮结派。

译文

君子庄重谨慎而不与人争权夺利,虽然合群而不拉帮结派。

君子不以①言举人，不以人废②言。

（《论语·卫灵公》）

注释

①以：凭、根据。

②废：废弃不用。

译文

君子不因这个人的言论好就推举他，也不因这个人不好就不采纳他的好言论。

君子不可小知①而可大受②也，小人不可大受而可小知也。

（《论语·卫灵公》）

注释

①小知：指做小事情。知，主持、办理。

②大受：指承担重任。受，接受、承受。

译文

不可以让君子做小事情，而要让他们承担重任；不可以让小人承担重任，而要让他们做小事情。

君子贞[1]而不谅[2]。

（《论语·卫灵公》）

〈注释〉

①贞：正。

②谅：诚实，此处指小节、小信。

〈译文〉

君子守正道而不必拘泥于小节。

侍于君子有三愆[1]：言未及之而言谓之躁，言及之而不言谓之隐，未见颜色而言谓之瞽[2]。

（《论语·季氏》）

〈注释〉

①愆（qiān）：过失。

②瞽（gǔ）：盲人。

〈译文〉

侍奉君子容易犯三种过失：君子还没说到而你却抢先说，这是急躁；君子说到了而你却还不说，这是隐瞒；不察

言观色就贸然说话，这是盲目。

君子有三戒：少之时，血气[①]未定，戒之在色；及其壮也，血气方刚，戒之在斗；及其老也，血气既衰，戒之在得[②]。

（《论语·季氏》）

注释

①血气：即感情、精力。

②得：贪得，指贪图利禄、名誉、地位等。

译文

君子要警惕戒备三件事：年少时，血气未定，切莫贪恋女色；到了壮年，血气方刚，不可争胜好斗；到了老年，血气已衰，要戒除贪得无厌。

君子有三畏：畏天命，畏大人[①]，畏圣人之言。小人不知天命而不畏也，狎[②]大人，侮圣人之言。

（《论语·季氏》）

注释

①大人：古代对处在高位或德行高尚的人称“大人”。此处指位高权贵之人。其实孔子所谓的“大人”不是大人本人，而是大人所代表的国家神器、宗庙社稷。

②狎(xiá)：轻侮、亲近而不庄重。

译文

君子应该敬畏三件事：敬畏上天的意志，敬畏位高德重的人，敬畏圣人的遗训。小人不知上天而不加敬畏，攀附大人，轻侮圣人遗训。

君子有九思：视思明，听思聪，色思温，貌思恭，言思忠，事思敬，疑思问，忿思难，见得思义。

（《论语·季氏》）

译文

君子要考虑这样九点：观察事物时要考虑是否看明白了，了解问题时要考虑是否听清楚了，待人接物时要考虑脸色是否温和，处理事务时要考虑态度是否恭敬，与人说话时要考虑是否诚实，做事时要考虑是否认真，有疑问时要考虑是否该问，生气时要考虑是否有后患，有利可图时

要考虑是否合乎道义。

恶[1]称[2]人之恶[3]者，恶居下流[4]而讪[5]上者，恶勇而无礼者，恶果敢而窒[6]者。

（《论语·阳货》）

注释

①恶（wù）：厌恶、憎恨。

②称：声言、声称，这里指张扬、宣扬。

③恶（è）：坏处、不好。

④居下流：居于底层或地位低微的人。据晚唐以前的《论语》版本无“流”字，其应为衍文。

⑤讪（shàn）：诽谤、诋毁。

⑥窒（zhì）：阻塞、不通。这里引喻为顽固不化、不通事理的人。

译文

作为君子，憎恶张扬别人坏处的人，憎恶居下位而讪谤居上位的人，憎恶勇敢而无礼的人，憎恶果敢而固执的人。

君子和而不流[1]，强哉矫[2]；中立而不倚[3]，强哉矫；国有道，不变塞[4]焉，强哉矫；

国无道，至死不变，强哉矫。

（《礼记·中庸》）

注释

①和而不流：意与“和而不同”相近。和，谓和睦相处、随和。流，即移、动，谓改变操守而随俗。

②矫：坚强的样子。

③中立而不倚：中立，指中庸之道，即不偏不倚，适可而止。倚，偏颇、歪。

④塞：困厄、时运不济。此指困窘时的操守、志节。

译文

君子处世随和，但不随波逐流，这是强中之强；恪守中庸之道而不偏不倚，这是强中之强；国家政治开明，不改变自己未显达时的志向，这是强中之强；国家政治黑暗，至死也不改变平生的操守，这是强中之强。

君子，其未得[1]也，则乐其意[2]；既已得之，又乐其治[3]。是以有终身之乐，无一日之忧。小人者，其未得也，则忧不得；既已得之，又恐失之。是以有终身之忧，无一日之乐也。

（《荀子·子道》）

注释

①得:此指得到职位。

②意:志向。

③治:治理,此指政务处理得好。

译文

君子,在没有得到职位时,就为追求自己的志向而乐此不疲;得到职位后,又为自己做出的政绩而自得其乐。所以他有终生的快乐,而没有一天的忧虑。小人,在没有得到职位时,整日为没能得到职位而忧心忡忡;得到职位后,每天又担心丢失而惶恐不安。所以他有终生的忧虑,而没有一天的快乐。

君子有三恕[①]:有君不能事,有臣而求其使,非恕也;有亲不能报[②],有子而求其孝,非恕也;有兄不能敬,有弟而求其听令,非恕也。士明于此三恕,则可以端身矣。

(《荀子·法行》)

注释

①恕:以仁爱的心待人,用自己的心推想别人的心。即以己

度人，推己及人。

②报：回报，此指报答养育之恩。

〈译文〉

君子有三种恕要注意分辨：对君主不能竭诚侍奉，对臣下却要求他们一味顺从，这不是恕；对父母不能用心报答，对子女却要求他们尽心孝顺，这不是恕；对兄长不能真诚地礼敬，对弟弟却要求他们言听计从，这不是恕。士人君子若明白这三种恕，便可以端正自身了。

君子之道，或出①或处②，或默或语。

（《周易·系辞上》）

〈注释〉

①出：指出仕做官。

②处：居住、立身，此指隐退在家。

〈译文〉

君子的处世之道，或者出仕做官，或者隐退在家，或者缄默不言，或者放言高论。

君子不以辞尽人①。故天下有道，则

行有枝叶[②]；天下无道，则辞有枝叶。

(《礼记·表记》)

〈注释〉

①以辞尽人：谓根据一个人的言辞就一概判断其善恶或贤否。尽，穷尽。

②枝叶：儒家认为道德为根本，人之言行皆由德出，言行的美丽文饰则如树干上的枝叶。故枝叶意即美丽的文饰、装点。

〈译文〉

君子不一味地根据一个人的言辞判断他的好坏。所以，天下政治清明，人们注重文饰自己的行为；天下政治黑暗，人们就注重文饰自己的言辞。

君子不以色[①]亲人。情疏而貌亲，在小人则穿窬[②]之盗也与！

(《礼记·表记》)

〈注释〉

①色：颜色、表情，此指做作、虚假的表情。

②穿窬(yú)之盗：穿壁越墙的小偷。孔颖达引许慎《说文》曰："穿窬者外貌为好而内怀奸盗，外内乖异。"此处用以喻小人。穿，破、透，此指穿壁。窬，通"逾"，逾越，此指翻墙头。

译文

君子不用虚假的表情讨好别人。对交情不深的人表面上却装得很亲密，只有小人才会那么做，这和穿墙打洞的盗贼没什么区别！

唯君子能好其正①，小人毒②其正。故君子之朋友有乡③，其恶有方④，是故迩者不惑，而远者不疑也。

（《礼记·缁衣》）

注释

①正：端正。

②毒：憎恨。

③乡：通“向”，方向、趋向。

④方：方向、归向。

译文

只有君子能喜欢正直的人，小人看到正人君子就充满敌意。所以，君子交朋友是有所选择的，所厌恶的也是有针对性的。这样，他身边的人才不会疑惑，而远处的人也才不会怀疑。

上下无常，非为邪也；进退无恒[①]，非离群[②]也。君子进德修业，欲及时[③]也，故无咎。

（《周易·文言》）

注释

①无恒：无常。

②离群：脱离亲朋与同类。

③及时：合时、得时，谓把握时机。

译文

作为君子，即使地位升降变化不定，他也不会做邪枉之事；即使事业进退变化不定，他也不会脱离亲朋。君子修养道德，建立功业，要把握时机，应时而起，所以没有灾祸。

知几[①]，其神乎。君子上交不谄[②]，下交不渎[③]，其知几乎？几者，动之微，吉[④]之先见者也。君子见几而作[⑤]，不俟终日[⑥]。

（《周易·系辞下》）

注释

①几：事物的征兆。

②谄:阿谀奉承。

③渎:轻慢、无礼。

④吉:下脱一“凶”字。

⑤作:行动。

⑥不俟(sì)终日:不等到一天的终了。俟,等待。

译文

能预知事物发展的征兆,可称得上神了。君子与上交往不阿谀奉承,与下交往不轻慢自傲,就可算得上知道事物的征兆了。征兆,是事物变化的微弱开始,是吉凶祸福的最先显示。君子看到征兆就立即行动,绝不延迟。

君子安其身而后动,易①其心而后语,定其交而后求。君子修此三者,故全②也。危以动,则民不与③也;惧④以语,则民不应也;无交而求,则民不与⑤也。莫之与,则伤之者至矣。

(《周易·系辞下》)

注释

①易:平静。

②全:安全。

③与:帮助。

④惧:心里不踏实。

⑤与:给予。

译文

君子安顿好自身然后才行动,平静好心情然后才说话,确定好交情然后才向人求助。君子能修治好这三项,所以很安全。冒着危险行动,那么人们就不会提供帮助;用胆怯不安的语气说话,那么人们就不会响应;没有交情而请求帮助,那么人们就不会给予帮助。谁也不肯提供帮助,那么伤害你的人就要到来了。

君子辞[①]贵不辞贱,辞富不辞贫,则乱益亡[②]。故君子与其使食浮于人[③]也,宁使人浮于食。

(《礼记·坊记》)

注释

①辞:拒绝。

②亡:无。

③食浮于人:食,指俸禄。浮,超过。人,指人的才能。

译文

君子拒绝尊贵,但不拒绝卑贱,拒绝富有,但不拒绝贫困，这样祸乱就会越来越少。所以，君子与其让俸禄超过自己的才能，不如让自己的才能超过俸禄。

君子贵人而贱己，先人而后己，则民作让[①]。

（《礼记·坊记》）

注释

①作让：指教化百姓，兴起礼让之风。作，兴起。让，谦让、退让。

译文

君子看重别人而忽略自己，先想到别人后顾及自己，这样人民就能相互谦让并蔚然成风。

君子中庸[①]，小人反中庸。君子之中庸也，君子而时中[②]；小人之[③]中庸也，小人而无忌惮[④]也。

（《礼记·中庸》）

注释

①中庸：儒家的一种道德标准，指为人处世要守正不偏、无过

无不及。

②时中:时刻按照中庸之道为人处世。中,符合。

③之:当为“反”之误。

④无忌惮:无所顾忌。

〈译文〉

君子为人处世保持一种守正不偏、无过无不及的态度,小人则与之相反。君子时刻按照中庸之道为人处世;小人则与之相反,他们为所欲为,无所顾忌。

君子隐①而显,不矜②而庄,不厉③而威,不言而信。

(《礼记·表记》)

〈注释〉

①隐:隐居、潜藏,此指埋没民间。

②矜:矜持。

③厉:严厉。

〈译文〉

君子身居民间同样可以显荣,不故作矜持同样可以很庄重,不故作严厉同样可以很威严,不夸夸其谈同样可以令人信服。

君子不失足[①]于人，不失色[②]于人，不失口[③]于人。是故君子貌足畏也，色足惮也，言足信也。

（《礼记·表记》）

注释

①失足：举止不庄重。

②失色：失态、仪态不当。

③失口：说错话、说话随意、言语不当。

译文

君子与人相处没有不得体的举止，没有不适宜的仪态，没有不恰当的言辞。所以，君子的容貌足可使人敬畏，仪态足可使人忌惮，言辞足可使人信任。

君子不以口誉人，则民作忠[①]。故君子问人之寒则衣之，问人之饥则食之，称人之美则爵之。

（《礼记·表记》）

〈注释〉

①作忠:谓形成忠实之风。

〈译文〉

君子不信口称赞他人,这样人民中间才会形成忠实、真诚的风气。所以,君子问人是否寒冷就应接着脱件衣服给他,问人是否饥饿就应接着送些食物给他,一旦称赞了某人的德才就应接着授予他官爵。

私惠[1]不归[2]德,君子不自留[3]焉。

(《礼记·缁衣》)

〈注释〉

①私惠:私下给予恩惠。

②归:合。

③留:收留。

〈译文〉

私下给予恩惠而不合乎道德,君子是不会收留的。

君子有三思而不可不思也:少而不

学，长无能也；老而不教，死无思[①]也；有而不施[②]，穷无与[③]也。是故君子少思长则学，老思死则教，有思穷则施也。

（《荀子·法行》）

注释

①死无思：死后无人思念。

②施：布施、周济他人。

③与：帮助、救济。

译文

君子有三种顾虑不能不思考：年少时不学习，长大以后就没有本领；年迈时不施教，死去以后就无人思念；富有时不布施，贫穷以后就无人周济。因此，君子年少时顾虑到成年就会发愤忘食，年迈时顾虑到死去就会诲人不倦，富有时联想到贫穷就会乐善好施。

君子道[①]人以言，而禁人以行。故言必虑其所终，而行必稽[②]其所敝[③]，则民谨于言而慎于行。

（《礼记·缁衣》）

〈注释〉

①道:通“导”,劝诫。

②稽:考察、查验。

③敝:通“弊”,弊病、害处。

〈译文〉

君子用言语劝导人向善,用行动制止人犯错。所以,说话一定要考虑后果,行动一定要注意弊端。这样,百姓也会谨言慎行。

言从而行之,则言不可饰[①]也;行从而言之,则行不可饰也。故君子寡言而行以成其信,则民不得大其美而小其恶。

(《礼记·缁衣》)

〈注释〉

①饰:粉饰、掩饰。

〈译文〉

话说出后接着就去做,这样话就不可掩饰了;事做过之后接着就议论,这样做事就不能走过场了。所以,君子以少说话、多做事成就其信誉,这样百姓就不会随意夸大

其优点而缩小其缺点了。

故君子约言[1]，小人先言。

（《礼记·坊记》）

注释

①约言：谓言语简约不繁。

译文

所以，君子言语简约，小人喜夸夸其谈。

好学篇

概述

孔子一生好学，他自十五岁立志学习，勤勉不辍，逢事必问，孜孜不倦，登堂入室，撷取了学习的真谛。《论语》开篇即尽言学习之旨趣："学而时习之，不亦说乎。有朋自远方来，不亦乐乎？人不知而不愠，不亦君子乎？"孔子认为追求学问首先在于爱学、乐学："知之者不如好之者，好之者不如乐之者。"赞扬和提倡其高足颜渊发愤好学的乐观精神："一箪食，一瓢饮，在陋巷，人不堪其忧，回也不改其乐。"他提倡学习要踏踏实实，要"默而识之，学而不厌"；同时提出学无常师，主张虚心向人学习，认为"三人行，必有我师""多闻择其善者而从之，多见而识之"，要"每事问""敏而好学，不耻下问""见贤思齐焉，见不贤而内自省也"。他还指出对新旧知识不能割裂，而要"温故而知新""学而时习之"；主张学习知识和善于思索要结合起来，"学而不思则罔，思而不学则殆"，而且在学与思的过程中，要坚持实事求是，"知之为知之，不知为不知"；等等。孔子为后人留下了求学真经，值得我们终生诵读。

君子食无求饱，居无求安，敏于事而慎于言，就①有道②而正③焉，可谓好学也已④。

（《论语 · 学而》）

〈注释〉

①就：看齐，靠近。

②有道：有道德的人。

③正：匡正、端正。

④已：语气词，用法同“矣”。

〈译文〉

作为一个有追求的君子，饮食不要求饱足，居所不要求安逸，做事敏捷，说话谨慎，向道德高的人看齐以改正自己的错误，做到这些就可以说是好学了。

温①故②而知新③，可以为师矣。

（《论语 · 为政》）

〈注释〉

①温：温习。

②故：已学过的或旧有的知识。

③新：此指新体会、新认知。

〈译文〉

如果能在温习旧有知识时获取新认知，就可以为人师表了。

学而不思则罔[①]，思而不学则殆[②]。

（《论语·为政》）

〈注释〉

①罔（wǎng）：同“惘”，迷惑而无所收获。

②殆（dài）：疑惑不解。

〈译文〉

只是一味地读书而不动脑思考，就会迷惘而无所得；只是苦苦地思考而不认真读书，就会疑惑不决。

知之为知之，不知为不知，是知[①]也。

（《论语·为政》）

〈注释〉

①知（zhì）：同“智”，聪明、明智。

译文

懂了就是懂了，不懂就是不懂，这才是明智啊。

多闻阙疑①，慎言其余②，则寡尤③；多见阙殆④，慎行其余，则寡悔⑤。言寡尤，行寡悔，禄⑥在其中矣。

（《论语·为政》）

注释

①多闻阙疑：多听，对有疑问之处采取保留态度。阙，通“缺”，保留、回避。

②慎言其余：谨慎地说出其余有把握的看法。

③则寡尤：就会减少过失。寡，少、缺少。尤，过失。

④殆：疑惑。

⑤悔：悔恨、懊恼。

⑥禄：官员的俸禄。

译文

多听，保留有怀疑的地方，谨慎地说出其余有把握的看法，就会减少过失；多看，保留有怀疑的地方，谨慎地去做其余有把握的事情，就会减少懊悔。言语的过失少，行为的懊悔少，官职俸禄便在其中了。

敏而好学[①]，不耻下问[②]。

（《论语·公冶长》）

注释

①敏而好(hào)学：聪敏又爱好学习。

②不耻下问：不以向比自己地位低或知识少、能力差的人求教为耻。耻，以……为耻。下，此指次序、等级、能力和地位在后的人。

译文

聪敏而又好学，谦虚下问，不以为耻。

有颜回[①]者好学，不迁怒[②]，不贰过[③]。

（《论语·雍也》）

注释

①颜回：姓颜，名回，字子渊。孔子的高足。

②不迁怒：不将怒气转移发泄到别人身上。迁，转移。

③不贰过：不重复犯同样的错误。贰，重复、再次。

译文

我有一个叫颜回的学生，十分好学，他从不迁怒于别人，也不重复犯同样的错误。

回也①，其心三月②不违仁③，其余则日月④至焉而已矣。

（《论语·雍也》）

注释

①回也：颜回呀！回，即颜回。也，句末语气词。

②三月：泛指长时间、长久。

③违仁：不离开仁。违，离开、避开。

④日月：指短时间、偶尔。

译文

颜回呀，他的心能长久地不离开仁德，其余的学生只是短时期内偶尔做到仁而已。

知之者不如好①之者，好之者不如乐之者。

（《论语·雍也》）

注释

①好（hào）：喜好、爱好。

译文

[对于某种专业或知识,]懂得它的人不如喜好它的人,喜好它的人不如以它为乐的人。

贤哉,回也!一箪食[1],一瓢饮[2],在陋巷[3],人不堪[4]其忧,回也不改其乐。贤哉!回也!

(《论语·雍也》)

注释

①一箪(dān)食:一竹筒饭。箪,古代盛饭用的圆形竹器。

②一瓢饮:一瓢冷水。

③在陋巷:生活在简陋的巷子里。

④不堪:不能忍受。

译文

颜回多么有修养呀!吃着粗茶淡饭,喝着冷水,住在简陋的巷子里,别人都忍受不了这种艰苦,颜回却一如既往,不改变他求学向道的快乐。颜回多么有修养呀!

默而识之[1],学而不厌[2],诲人不倦[3],

何有于我哉[4]？

（《论语·述而》）

〈注释〉

①默而识(zhì)之:把所学的知识默默地记住。识,记住。

②学而不厌:努力学习而不满足。厌,满足。

③诲人不倦:教导别人而不知疲倦。诲,教诲、教导。

④何有于我哉:我做到了哪些呢?

〈译文〉

把所学的知识牢记于心,努力学习而不知满足,教诲别人而不知疲倦,这些事情我做到了哪些呢?

加我数年[1],五十以学《易》[2],可以无大过矣。

（《论语·述而》）

〈注释〉

①加我数年:让我多活几年。加,增加。

②《易》:书名,又称《易经》《周易》,是一部古代占卜用的书,相传系周人所作,故称《周易》。内容包括《经》《传》两部分。《经》主要是六十四卦和三百八十四爻,卦、爻各有说明(卦辞、爻辞),

作为占卦之用。旧传伏羲画卦，文王作辞，说法不一。《传》是对《经》的最早解说，包含解释卦辞、爻辞的七种文辞共十篇，统称《十翼》，旧传孔子作。

〈译文〉

让我多活几年，五十岁去学习《周易》，便不致有大的过错了。

发愤忘食，乐以忘忧，不知老之将至云尔[①]。

（《论语·述而》）

〈注释〉

①云尔：如此罢了。云，如此、这样。尔，语气词，相当于“罢了”。

〈译文〉

发愤读书便忘记了吃饭，沉醉于快乐便忘记了忧愁，不知道衰老就要到来，如此而已。

我非生而知之者，好古[①]，敏[②]以求之者也。

（《论语·述而》）

〈注释〉

①古:指古代的诗、书、礼、乐文化。

②敏:努力、奋勉。

〈译文〉

我不是生来就懂知识的人,而是喜好古代文化、努力去求知的人。

三人行,必有我师焉。择其善者而从之[①],其不善者而改之。

(《论语·述而》)

〈注释〉

①择其善者而从之:选择他们的优点来学习。从,听从、跟随。

〈译文〉

三个人同行,其中必定有人可以做我的老师。他们的优点我努力学习,他们的缺点我引以为戒。

多闻,择其善者而从之,多见而识[①]

之，知之次[②]也。

(《论语·述而》)

注释

①识(zhì)：记住。

②次：次一等、差一等。这里指“学而知之”比“生而知之”次一等。

译文

多听，选择其中好的加以学习；多看，牢记在心，这是仅次于“生而知之”的认知方法。

文，莫吾犹人也[①]。躬行君子[②]，则吾未之有得[③]。

(《论语·述而》)

注释

①莫吾犹人也：大概我同别人差不多。莫，大约、大概。犹，如同、好像。

②躬行君子：在身体力行君子之道方面。躬行，亲自实践、身体力行。

③得：得到、获得。

〈译文〉

就文化知识来说，我大约同别人差不多。至于在亲身实践君子之道方面，我还没有成功。

三年学，不至[①]于谷[②]，不易得也。

（《论语·泰伯》）

〈注释〉

①至：这里指意念所至，即想到。

②谷：古代以谷米为俸禄，这里的“谷”即“禄”的意思，表示做官。

〈译文〉

读书三年，还没有做官的念头，难得呀！

学如不及[①]，犹恐失之[②]。

（《论语·泰伯》）

〈注释〉

①不及：赶不上。

②犹恐失之：赶上了还怕落后。

〈译文〉

做学问就像追赶什么一样，唯恐赶不上，赶上了还怕落后。

吾少也贱，故多能鄙事[①]。君子多乎哉？不多也。

（《论语·子罕》）

〈注释〉

①鄙事：卑贱的事，指琐碎的技艺。

〈译文〉

我少年时贫贱，所以学了许多琐碎的技艺。做一个君子需要有这么多的技艺吗？我想是不需要的。

吾不试[①]，故艺。

（《论语·子罕》）

〈注释〉

①试：试用，指做官。

译文

我没有当官，所以学会了一些技艺。

吾有知乎哉？无知也。有鄙夫[①]问于我，空空如也。我叩[②]其两端[③]而竭[④]焉。

（《论语·子罕》）

注释

①鄙夫：鄙陋浅薄之人。这里指农夫、乡下人。

②叩：询问。

③两端：两头，指问题的正反、本末或上下两方面。

④竭：尽、尽量。

译文

我是有学问的吗？其实没有多少学问。有位农夫问我，对于他的问题我本是一无所知。但我对那个问题的正、反两方面加以询问、推敲，得出答案后尽量告诉他。

不践迹[①]，亦不入于室[②]。

（《论语·先进》）

注释

①践迹：踩着别人的足迹走。指向前人的嘉言懿行学习。践，踏、踩。迹，足迹。

②不入于室：不能登堂入室。指道德学问不能进入更高的境界，难以达到精深的地步。

译文

一个人若不向别人学习，其道德学问难以达到精深的地步。

古之学者为己，今之学者为人。

（《论语·宪问》）

译文

古代人学习是为了提高自己本身，现代人学习是为了给别人看。

吾尝[1]终日不食，终夜不寝，以思[2]，无益，不如学也。

（《论语·卫灵公》）

注释

①尝:曾经。

②以思:去思考。

译文

我曾终日不食,彻夜不眠,去苦苦思索,结果没什么益处,还不如踏踏实实去学习。

生而知之者,上也;学而知之者,次也;困而学之[①],又其次也;困而不学,民斯为下矣[②]。

(《论语·季氏》)

注释

①困而学之:遇到困难再去学习。

②民斯为下矣:这种人是最下等的了。斯,就、则。

译文

生来就知道的人,是上等人;学习后知道的人,是次一等的人;遇到困难再去学习的人,是又次一等的人;遇到困难也不学习的人,是最下等的人。

不学《诗》,无以言。

(《论语·季氏》)

〈译文〉

不学《诗》,在社会交往时谈吐就会不得体。

《诗》,可以兴,可以观,可以群,可以怨。迩[①]之事父,远之事君;多识于鸟兽草木之名。

(《论语·阳货》)

〈注释〉

①迩(ěr):近。

〈译文〉

学《诗》,可以激发志气,可以提高观察力,可以养成合群的性情,可以抒发心中的怨愤。运用《诗》中的道理,近可以侍奉父母,远可以侍奉君主;从《诗》中还可以多知道一些鸟兽草木的名称。

诵《诗》三百[①],授[②]之以政,不达[③];使

于四方，不能专对[④]；虽多，亦奚以为[⑤]？

（《论语 · 子路》）

注释

①诵《诗》三百：《诗》是中国最早的诗歌总集，后被儒家列为经典，故称《诗经》。其编成于春秋时期，共三百零五篇，据《史记》载，系孔子删定。此处"《诗》三百"是取其整数。

②授：授予、赋予。

③达：通，通达、通晓。此指会办事、胜任。

④专对：独自对答。指遇事出使，能交涉应对，随机应变。

⑤虽多，亦奚以为：《诗》读得虽多，又有何用？奚，疑问代词，犹"何"。以，用。为，语气词，表示反问或感叹。

译文

熟读《诗》三百篇，让他处理政务，却不能胜任；让他出使外国，却不能独立应对、交涉。这样的话，即使《诗》读得再多，又有何用呢？

女闻六言六蔽[①]矣乎？……

好仁不好学，其蔽也愚；好知不好学，其蔽也荡；好信不好学，其蔽也贼[②]；好直不好学，其蔽也绞[③]；好勇不好学，其蔽也

乱；好刚不好学，其蔽也狂。

（《论语·阳货》）

注释

①六言六蔽：六种品德，六种弊端。六言，即六字，指仁、知（同“智”）、信、直、勇、刚，是儒家倡导的六种品德。蔽，指弊病。

②贼：害。此处指被人坑害、欺骗。

③绞：说话尖刻，不近情理。

译文

你听说过六种品德的六种弊病吗？

崇尚仁德却不爱好学习，其弊病是愚昧无知；爱好智慧却不爱好学习，其弊病是放荡不羁；爱好诚信却不爱好学习，其弊病是容易被人欺骗；爱好正直却不爱好学习，其弊病是尖刻逼人；爱好勇敢却不爱好学习，其弊病是惹祸上身；爱好刚强却不爱好学习，其弊病是狂妄自大。

知不可由①，斯知所由矣。

（徐幹《中论·慎所从》）

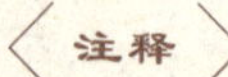

①由：做、实行。

译文

只有知道什么不可以做，才知道应该做什么。

欲知则问，欲能则学，欲给[①]则豫[②]，欲善则肄[③]。

(尸佼《尸子·处道》)

注释

①给：供给富足、充裕。

②豫：通“与”，参与。

③肄(yì)：劳苦。

译文

要想获取知识就要虚心请教，要想具有才能就要刻苦学习，要想生活富足就要勤于做事，要想事业成功就要吃苦耐劳。

如垤[①]而进，吾与[②]之；如丘而止，吾已矣[③]。

(《荀子·宥坐》)

〈注释〉

①垤(dié):本指蚂蚁洞口的小土堆。此处比喻微小。

②与:赞许。

③已矣:句末语气词,表示不满或无奈的感叹,如同“算了”“罢了”。

〈译文〉

学习成绩虽小似土堆但毫不气馁、锐意进取,我赞许这样的人;学习成绩虽大似丘陵但自我满足、止步不前,我不赞同这样的人。

不学而好思,虽知不广矣。学而慢[1]其身,虽学不尊[2]矣。不以诚立,虽立不久矣。诚[3]未著而好言,虽言不信矣。美材也,而不闻君子之道,隐[4]小物[5]以害[6]大物者,灾必及其身矣。

(韩婴《韩诗外传》卷六)

〈注释〉

①慢:怠慢、轻视。

②尊:尊贵。

③诚:假如、如果。

④隐:埋没、沉溺。

⑤小物:小事。与下句“大物”相对应。

⑥害:妨碍。

译文

不读书而专好思考,尽管也能获得一些知识,但不会广博。努力读书而疏于修养自身,尽管学识渊博,但也不会有尊贵的品格。不靠诚实立身处世,尽管也能建立功业,但不会长久。假如还未成名而乐于发表意见,尽管说了,也不会为人所信。原本是很好的可造之材,却不学习君子的处世之道,沉迷于小事而妨害大事,这样灾祸肯定会降临到他的身上。

弗学何以行?弗思何以得?小子勉之!

(徐幹《中论 · 治学》)

译文

不学习如何能在世上行得通?不善于思考如何会有收获?弟子们要以此勉励自己啊!

诲人篇

概述

“学而不厌，诲人不倦”是孔子的自身写照，其教育的结晶除了三千弟子、七十二贤人外，更为我们留下了诲人之道——一份丰厚的教育学遗产。孔子提出“性相近也，习相远也”，认为人的天赋素质相近，个性差异主要是受后天教育与社会环境影响所致。他提倡“有教无类”，创办私学，认为人人都能受教育，人人都应该受教育，打破了贵族对学校教育的垄断，把受教育的范围扩大到平民。他主张“学而优则仕”，认为教育的目的是要培养从政的君子，而君子必须具有较高的道德修养：“弟子入则孝，出则悌，谨而信，泛爱众，而亲仁。行有余力，则以学文。”在教学方法上，要求老师“因材施教”，采用“启发式”的方法论，即“不愤不启，不悱不发”“举一而反三”；对学生则强调要“知之为知之，不知为不知”，学习与思考要相结合，“学而不思则罔，思而不学则殆”。孔子一生不但身体力行，对其弟子言传身教，而且还倾注大量心血，编写整理了许多古代文献，以作为弟子们和后人的教材。后世视孔子为“至圣先师”，西方近代启蒙思想家伏尔泰称孔子为“真正的解释者”，都是对其诲人之道的充分肯定。

《诗》三百，一言以蔽之[1]，曰："思无邪[2]。"

（《论语·为政》）

注释

①一言以蔽(bì)之:用一句话来概括它。一言,一句话。蔽,概括。

②思无邪:思想纯正,没有虚情假意。无邪,纯正、不邪恶。

译文

《诗》三百篇的微言大义,用一句话便可概括,即"思想纯正"。

攻[1]乎异端[2],斯[3]害也已[4]。

（《论语·为政》）

注释

①攻:攻读、钻研。

②异端:指不同的主张与学说,又特指不正确的或不合乎正统思想的学说和主张。

③斯:这,代指"攻乎异端"。

④也已:句末语气词,表示肯定。

〈译文〉

钻研异端邪说,这就是祸害呀!

成事不说[①],遂事不谏[②],既往不咎[③]。

(《论语·八佾》)

〈注释〉

①成事不说:对已完成的事情不必再说。

②遂事不谏:对已做过的事情无须规劝。遂,已经完成。谏,劝诫、规劝,指规劝君主、尊长或朋友,使之改正错误和过失。

③既往不咎:对已过去的错误也不再指责追究。既,已经。咎,指责、归罪、责怪。

〈译文〉

已完成的事情不必再解释了,已做过的事情无须再规劝了,已过去的错误也不必再追究了。

人之过也,各于其党[①]。观过,斯[②]知仁[③]矣。

(《论语·里仁》)

注释

①各于其党:各有种类。各,都、皆。党,类别、集团。

②斯:就、则、乃。

③仁:此处同“人”。

译文

人的过错,可以分成不同的类别。观察他的过错,就知道他属于哪种人了。

朽木不可雕也,粪土[①]之墙不可圬[②]也。……始吾于人[③]也,听其言而信其行;今吾于人也,听其言而观其行。

(《论语 · 公冶长》)

注释

①粪土:腐土、脏土。

②圬(wū):本为涂墙工具,此指涂墙,即粉刷墙壁。

③始吾于人:最初我对于人。于,对于。

译文

腐朽的木头无法雕制,粪土制成的墙壁也无法粉刷。……起初我对于人,听了他的言论便相信他的行动;

现在我对于人,听了他的言论还要观察他的行为。

宁武子[①],邦[②]有道则知;邦无道则愚[③]。其知可及[④]也,其愚不可及也。

(《论语·公冶长》)

〈注释〉

①宁武子:姓宁,名俞,又称宁子,谥号武,卫国大夫。

②邦:国家,此指诸侯国。

③愚:愚昧、糊涂。

④及:赶上、追上,此指做得到。

〈译文〉

宁武子这个人,当国家政治清明时,他就显得聪慧有谋;当国家政治昏暗时,他便假装愚昧糊涂。他的这种聪慧别人可以学得到,他的这种愚昧糊涂别人就做不到了。

伯夷、叔齐不念旧恶[①],怨是用希[②]。

(《论语·公冶长》)

〈注释〉

①不念旧恶(è):不记过去的怨仇。恶,不好,此指怨仇。

②怨是用希：怨恨因此很少。是用，因此。希，同“稀”，少。

译文

伯夷、叔齐不记旧怨，因此就很少被人怨恨。

巧言、令色、足恭[①]，左丘明[②]耻之，丘[③]亦耻之。匿怨[④]而友其人，左丘明耻之，丘亦耻之。

（《论语·公冶长》）

注释

①足恭：十足的恭顺。

②左丘明：春秋时史学家，相传为《左传》的作者。

③丘：孔丘。孔子自称己名，以示谦恭。

④匿怨：把对别人的怨恨隐藏在心中，不露声色。

译文

花言巧语，伪装和颜悦色，低三下四地过分恭顺，这种人左丘明认为可耻，我也认为可耻。内心隐藏着怨恨，表面上却同他亲近友好，这种人左丘明认为可耻，我也认为可耻。

犁牛之子骍且角[①]，虽欲勿用[②]，山川[③]其[④]舍诸[⑤]？

（《论语·雍也》）

〈注释〉

①犁牛之子骍(xīng)且角：耕牛之子长着红色的毛、端正的角。犁牛，耕牛。骍，指红色的牲畜皮毛。角，牛角，此指两角长得端正。古代祭祀用的牛必须皮毛红色、两角端正，而且要单独饲养，不能用耕牛代替。据说孔子的弟子仲弓(冉雍)的父亲出身卑贱，这句话中的"犁牛"比喻仲弓的父亲，"耕牛之子"比喻仲弓，"骍且角"比喻仲弓德行等方面的素质好，有做官的才能，虽出身贫贱，但仍可以做官。

②用：使用、采用。这里指杀牲畜用以祭祀。

③山川：山川之神。这里比喻上层统治者。

④其：句中语气词，表示反问。相当于"岂""难道"。

⑤诸："之乎"二字的合音。

〈译文〉

耕牛之子长着红色的毛、端正的角，虽然不想用它去祭祀，山川之神难道会舍弃它吗？

中人[①]以上，可以语上[②]也；中人以下，不可以语上也。

（《论语·雍也》）

注释

①中人：指资质、天赋中等的人。

②语上：讲解高深的东西。语，告诉、谈论。上，高的、深的。此处指高深的学问、知识、道理等。

译文

中等水平以上的人，可以给他讲高深的道理；中等水平以下的人，不可以给他讲高深的道理。

自行束脩[①]以上，吾未尝无[②]诲焉。

（《论语 · 述而》）

注释

①束脩（xiū）：即十条干肉，是古代用来初次拜见老师的礼物。脩，干肉。每条干肉叫一脡（挺），十脡为一束。又因为古人一般十五岁入学，入学初见老师时必用束脩，因指入学为束脩。还有一说认为，古代人十五岁时将幼年、少年时期的两个结扎成一个结，盘在头上，以示成年。所以，以“束脩”代指十五岁。

②未尝无：从来没有。

译文

只要有自愿送给我十条以上干肉的人，我从来没有不加以教诲的。

德之不修,学之不讲[1],闻义不能徙[2],不善不能改,是吾忧也。

(《论语·述而》)

注释

①讲:讲求、探讨。

②徙:迁移。这里为"靠近、从事、追求"的意思。

译文

不修养道德,不讲求学问,听到合乎义理的事不能去做,有了过错不能改正,这些都是我所忧虑的。

不愤[1]不启[2],不悱[3]不发[4]。举一隅[5]不以三隅反[6],则不复[7]也。

(《论语·述而》)

注释

①愤:心里苦思冥想而仍未想通。

②启:启发、开导。

③悱(fěi):口里想说而又说不出。

④发：启发。

⑤隅（yú）：角落。

⑥反：类推。

⑦不复：不再重复，即不用再施教了。

译文

［教育学生］不到他苦思冥想而仍想不通的时候，不去开导他；不到他想说又说不出来的时候，不去启发他。如果告诉他一个角落的样子，而他不能由此推知其他三个角落的样子，我就不再教他了。

暴虎冯河①，死而无悔者，吾不与也。必也临事而惧②，好谋而成者也。

（《论语·述而》）

注释

①冯（píng）河：即不用船涉水过河。冯，同“凭”。

②临事而惧：遇事小心谨慎。惧，戒惧、警惕。

译文

赤手空拳打虎，徒步涉水过河，自以为勇敢不怕死的鲁莽之人，我不和他共事。和我共事者，一定是遇事冷静谨慎、善于谋划而争取成功的人。

述而不作[①]，信而好古，窃[②]比于我老彭[③]。

（《论语·学而》）

注释

①作：创作。指只继承、阐述前人的学说，自己不创作。

②窃：谦词，私下、私自。

③老彭：人名。相传是商初热心教书育人的贤人。

译文

我只阐述前人学说而不抒己见，相信和爱好古代的文化，私下里把自己比作商朝的老彭。

与[①]其进也，不与其退也，唯何甚[②]！人洁己以进，与其洁也，不保[③]其往也。

（《论语·述而》）

注释

①与：赞许、允许。

②唯何甚：何必做得太过分！唯，句首语气词，无意义。甚，过分。

③保：保持、守住。这里有“抓住不放”的意思。

〈译文〉

我们应当肯定他们的进步，不鼓励他们的退步，何必做得太过分呢！人家清除了自身的污点以求进步，就要鼓励他们，不要抓住人家过去的缺点不放。

狂而不直，侗[①]而不愿[②]，悾悾[③]而不信，吾不知之矣。

（《论语·泰伯》）

〈注释〉

①侗(tóng)：幼稚无知。

②愿：老实、朴实。

③悾悾(kōng)：同“倥倥”，愚昧无知。

〈译文〉

狂妄而不正直，幼稚而不朴实，无知而不讲信用，我实在不能理解这种人。

譬如为山[①]，未成一篑[②]，止，吾止也。譬如平地，虽覆[③]一篑，进，吾往也。

（《论语·子罕》）

〈注释〉

①为山:堆土成山。

②篑(kuì):盛土的筐子。

③覆:翻、翻转、倒。

〈译文〉

譬如用土堆山,只差一筐土便成山了,如果停下来,那是我自己停止不前。譬如在平地上堆山,虽然才倒下一筐土,但如果继续进行,那是我自己在坚持前往。

后生[①]可畏,焉知来者之不如今也[②]?四十、五十而无闻焉,斯[③]亦不足畏也已。

(《论语·子罕》)

〈注释〉

①后生:即年轻人。

②焉知来者之不如今也:怎么能断定他们将来不如现在的人呢?焉,疑问代词,怎么、哪里。来者,后来的人,此处指年轻人的将来。

③斯:连词,那么、就。

〈译文〉

年轻人是值得敬畏的,怎么能断定他们将来不如现在

的人呢？如果到了四五十岁仍未成名，也就不足畏惧了。

浸润之谮①，肤受之愬②，不行焉③，可谓明也已矣。浸润之谮，肤受之愬，不行焉，可谓远④也已矣。

（《论语·颜渊》）

注释

①浸润之谮（zèn）：像水一样一点一滴渗透进来的谗言，即连续不断地在暗中诬陷人。浸润，把东西渍在水中。谮，说坏话诬陷别人。

②肤受之愬（sù）：好像肌肤所受疼痛那样的诬告，即直接的诽谤。愬，诉说，这里为诬告之义。

③不行焉：行不通、办不到。焉，语气词。

④远：有远见，料事深远。

译文

暗中诬陷人的谗言，直接对人的诽谤，在你这里都行不通，那你可以算是明智的了。暗中诬陷人的谗言，直接对人的诽谤，在你这里都行不通，那你可以算是有远见的了。

忠告而善道[1]之，不可则止，毋[2]自辱焉。

（《论语·颜渊》）

注释

①善道：善意地引导。道，同“导”。

②毋(wù)：副词，不要、别。

译文

别人做事不当时，要真诚地相告并委婉地劝导他；他若不听从也不要勉强，以免自取其辱。

切切偲偲[1]，怡怡如[2]也，可谓士矣。朋友切切偲偲，兄弟怡怡。

（《论语·子路》）

注释

①切切偲(sī)偲：互相切磋、互相勉励。

②怡怡如：和顺、安详的样子。

译文

相互切磋勉励，亲近和顺，就可以叫士了。朋友之间

互相勉励，兄弟之间亲切和顺。

不如乡人之善者好[1]之，其不善者恶[2]之。

(《论语·子路》)

注释

①好(hào)：动词，赞扬、喜欢。

②恶(wù)：厌恶、憎恨。

译文

[最可取的为人是]不如乡里的好人都称赞他，乡里的坏人都厌恶他。

爱之[1]，能勿劳乎[2]？忠焉[3]，能勿诲[4]乎？

(《论语·宪问》)

注释

①之：代词，此处泛指“一个人”。

②能勿劳乎：能不让他勤劳(勤奋)吗？劳，勤奋、勤劳、劳苦。

③焉：代词，相当于“之”。

④诲：教诲、教导。

〈译文〉

爱一个人，能不让他勤劳吗？忠于一个人，能不对他劝导教诲吗？

可与言而不与之言，失人[①]；不可与言而与之言，失言。知者不失人，亦不失言。

（《论语·卫灵公》）

〈注释〉

①失人：指错过人才，失去人才。

〈译文〉

可以同他谈的道理却不同他谈，这是错失其人；不可以同他谈的道理却同他谈，这是空费言辞。明智的人既不错失其人，也不空费言辞。

有教无类。

（《论语·卫灵公》）

〈译文〉

我对每个人都加以教育，没有区别。

予欲无言①。……天何言哉？四时行焉，百物生焉，天何言哉？

（《论语·阳货》）

注释

①予欲无言：我想不实行言教了。予，我。言，此处说的是言教。孔子用这句话表明他主张身教重于言教，启发学生在他的一举一动中学习、思考，在苍天大地的潜移默化中去体味人生的真谛。

译文

我想不实行言教了。……上天说了什么呢？四季照样运行，万物照样生长。上天说了什么呢？

性①相近也，习②相远也。

（《论语·阳货》）

注释

①性：指人与生俱来的本性。

②习：习染。指人后天养成的习惯。

译文

人先天具有的纯真本性是相接近的，后天养成的习性

彼此间却相差很远。

饱食终日，无所用心[①]，难矣哉！不有博弈[②]者乎？为之，犹贤乎已[③]。

（《论语·阳货》）

〈注释〉

①无所用心：对什么事情都不动脑筋、不关心。

②博弈(yì)：泛指下棋。博，六博，古代一种赌输赢的、与棋相仿的游戏，要先掷采(即骰子)，而后行棋。弈，即围棋。

③犹贤乎已：也比无所事事强。犹，还、也。贤，胜过、甚于。已，止，指什么也不干。

〈译文〉

饱食终日，无所用心，难有出息啊！不是有博弈吗？玩玩这个游戏，也比无所事事强。

唯上知与下愚[①]不移[②]。

（《论语·阳货》）

〈注释〉

①上知与下愚：“上知”即上等的聪明人。知，同“智”。“下

愚”即下等的愚笨之人。

②移：改变。

译文

只有上等的智者与下等的愚人的心性不受外在环境的影响而有所改变。

非所困[①]而困焉，名必辱；非所据[②]而据焉，身必危。

(《周易·系辞下》)

注释

①困：困顿、困窘。

②据：据有、拥有。

译文

在不应当受困的地方受困，必会蒙受羞辱；不应当拥有的东西却占有了，身家必会遭到危害。

不慎其前而悔其后，嗟乎[①]，虽悔无及矣。

(韩婴《韩诗外传》卷二)

〈注释〉

①嗟乎：叹词，相当于“唉”。

〈译文〉

不在事情发生之前小心谨慎地处理而在事后懊悔不迭，唉，就是后悔也来不及了。

夫贫而如富，其知足而无欲也。贱而如贵，其让而有礼也。无勇而威，其恭敬而不失于人也。终身无患难，其择言而出之也。

（韩婴《韩诗外传》卷十）

〈译文〉

贫穷时和富裕时一样，这是因为知道满足而没有[过分的]欲望；卑贱时和高贵时一样，这是因为谦让而有礼貌；不勇猛而有威严，这是因为待人恭敬而无过失；一辈子平安无灾，这是因为言语得当。

良药苦于口利于病，忠言逆于耳利

于行[①]。

(刘向《说苑·正谏》)

注释

①此语后来演化为“良药苦口利于病,忠言逆耳利于行”以及“良药苦口”“忠言逆耳”两个成语。忠言,诚恳劝告的话。逆耳,形容某些中肯尖锐的话听起来使人感到不舒服。逆,抵触、不顺当。

译文

良药苦口而有利于治病,忠言逆耳而有利于正确处事。

大道篇

概述

“道”，是中国乃至东方古代哲学的重要范畴，表示事物的本原、本体、规律、原理、境界等。在孔子的语录中，“道”具有多重含义。孔子所言之“道”，往往特指“大道”，这是指孔子及以后儒家所倡导的政治上的最高理想和最高的治世原则，包括世界观、价值观、伦理纲常等。如《礼记·礼运》所言：“大道之行也，天下为公，选贤与能，讲信修睦。”孔子所说的“君子谋道不谋食”“士志于道”“道不同不相为谋”等，都是指“大道”。孔子所言之“道”，还可以指“天道”，这是与其他哲学流派中的“道”相一致的。他所说的“朝闻道，夕死可矣”，就是这一含义。孔子所言之“道”，还常被作为“仁政”“德政”的代名词，是指相对清明的政治状态。孔子所言“邦有道则仕，邦无道则可卷而怀之”，实际上是讲“人道”。我们在本篇中所选语录，都不外乎以上三方面的内容。

朝①闻道②，夕③死可矣。

（《论语·里仁》）

注释

①朝(zhāo)：清晨、早晨。

②道：真理。

③夕：晚上。

译文

假若早上悟知了真理，即使当晚死去也没什么遗憾。

士①志于道，而耻②恶衣恶食③者，未足④与议也。

（《论语·里仁》）

注释

①士：本指西周春秋时代贵族中的最低一级，此处泛指读书人。

②耻：以……为羞耻。

③恶(è)衣恶食：破旧的衣服，粗劣的食物。恶，丑、坏、不好。

④未足：不值得。

〈译文〉

士有志于追求真理，而又以衣食不好为耻辱，这种人不值得与他谈论什么。

德不孤①，必有邻②。

（《论语·里仁》）

〈注释〉

①孤：孤立、孤单。

②邻：伙伴、志同道合者。

〈译文〉

有道德的人不会孤立，必有志同道合者。

道不行①，乘桴浮于海②。

（《论语·公冶长》）

〈注释〉

①道不行：政治主张行不通。道，指一定的人生观、世界观、政治主张或思想体系。

②乘桴（fú）浮于海：乘着大木筏漂洋出海。桴，木筏。

译文

如果我的政治理想行不通，干脆就乘筏到海外去。

人之生也直[①]，罔[②]之生也幸[③]而免。

（《论语·雍也》）

注释

①直：正直。

②罔（wǎng）：不正直、邪曲。

③幸：侥幸。

译文

人生在世靠的是正直，不正直的人也可以生存，那是由于侥幸地避免了灾祸。

予所否者[①]，天厌[②]之！天厌之！

（《论语·雍也》）

注释

①予所否（pǐ）者：我假如做了不当的事。予，我。所，如果、假若。否，恶、邪恶、不好。

②厌:厌弃。

〈译文〉

我假若做了什么不当的事情,让上天厌弃我!让上天厌弃我!

中庸之为德也①,其至矣乎②!民鲜③久矣。

(《论语·雍也》)

〈注释〉

①中庸之为德也:中庸作为一种道德。中,不偏不倚,无过无不及。庸,经常,守旧不变。

②其至矣乎:可以说是至高无上的啊!其,句中语气词,表示揣测、期望等。至,达到顶点。

③鲜:缺少、缺乏。

〈译文〉

中庸作为一种道德,是至高无上的啊!一般老百姓很少能长期坚守这种美德。

志于道①,据②于德,依③于仁,游于艺④。

(《论语·述而》)

〈注释〉

①志于道:立志于道。道,此处指孔子所追求、坚持的社会原则和社会理想。

②据:据守。

③依:依靠、依从。

④游于艺:即游艺。游,交往、游学。艺,指六艺,即礼、乐、射、御、书、数。孔子以这六方面的知识传授学生。

〈译文〉

以道为志向,以德为根据,以仁为归依,以六艺为游习范围。

泰伯①,其可谓至德②也已矣。三以天下让③,民无得而称焉④。

(《论语·泰伯》)

〈注释〉

①泰伯:又作“太伯”,周代吴国始祖,周太王古公亶(dǎn)父的长子。太王欲立幼子季历,他与弟仲雍同避江南,改从当地风俗,断发文身,成为当地君长,是春秋时代吴国的始祖。

②至德:最高的德行。

③三以天下让:多次将王位推让。三,这里指多次。以,把、

将。天下,此指周政权、周王位。

④民无得而称焉:老百姓不知该怎么称赞他。无得,不能、无法。

〈译文〉

泰伯可以说是道德最高尚的人了。他多次把王位让给季历,老百姓简直不知道该怎么称赞他才好。

如有周公之才之美,使[①]骄且吝[②],其余不足观也已。

(《论语·泰伯》)

〈注释〉

①使:连词,假若、如果。

②吝:吝啬、小气。

〈译文〉

一个人即使有周公那样完美的才能,如果骄傲而且小气,那么其他方面也就不值得一看了。

笃信[①]好学,守死善道,危邦不入,乱邦不居[②]。天下有道则见[③],无道则隐。邦

有道，贫且贱焉，耻也；邦无道，富且贵焉，耻也。

（《论语·泰伯》）

〈注释〉

①笃信：坚守信念。笃，坚定。

②危邦不入，乱邦不居：不进入政局不稳的国家，不居住在发生祸乱的国家。邦，即邦国、国家。一个国家如有臣弑(shì)君、子弑父的现象称“乱”，有乱的征兆叫“危”。这里“危邦”指政局不稳的国家，“乱邦”指有叛乱的国家。

③见：同“现”，指出来做官。与下句的“隐”相对。

〈译文〉

一个人要坚守信念，努力好学，誓死保全先王之道，不进入政局不稳的国家，不居住在发生祸乱的国家。天下政治清明就出来做官，政治黑暗就隐居不仕。国家兴盛，政治清明，自己却贫穷低贱，这是耻辱；国家混乱，政治黑暗，自己却富有又尊贵，这也是耻辱。

逝者[①]如斯夫[②]！不舍昼夜[③]。

（《论语·子罕》）

〈注释〉

①逝者：此指消失的事物或消逝了的时光。

②如斯夫：如同这河水一样呀！斯，这。夫，句尾语气词，表示感叹。

③不舍昼夜：日夜不停地流去。舍，停留、止息。

〈译文〉

消逝的时光如同这河水一样呀！日夜不停地流去。

三军可夺帅①也，匹夫②不可夺志③也。

（《论语·子罕》）

〈注释〉

①三军可夺帅：这句是说，三军人数虽多，如果军心不齐，它的主将也会被人掳走。三军，依先秦军制，一军为一万二千五百人，一个诸侯国可拥有三军。但在春秋争霸时期，各国已打破此限，军队人数大增。夺，撤换、劫夺、俘虏。

②匹夫：普通人，此处指男子。

③夺志：改变志向、气节。

〈译文〉

三军主帅可以被人俘虏，男子汉的志向却不能改变。

岁寒①，然后知松柏之后凋②也。

（《论语·子罕》）

注释

①岁寒：一年中的寒冬季节，即到了严寒季节。

②凋：凋零、凋谢。

译文

到了严寒季节，才知道松柏是最后凋零的。

可与①共学，未可与适②道；可与适道，未可与立③；可与立，未可与权④。

（《论语·子罕》）

注释

①与：和、跟、与……在一起。

②适：到……去、往。这里是“到达”“学到”的意思。

③立：即“立于礼”，指依礼行事。

④权：权衡、权变、灵活。

译文

能一起学习的人，未必都能学到道；能一起学到道的人，未必都能依礼行事；能一起依礼行事的人，未必都能通权达变。

未能事人,焉能事鬼①? ……未知生,焉知死?

(《论语·先进》)

〈注释〉

①焉能事鬼:怎么能够服侍鬼神? 焉,怎么、哪里。事,服侍、侍奉。

〈译文〉

人还未能侍奉好,怎能谈得上侍奉鬼神呢? ……生尚且不知,何以谈死呢?

不得中行①而与②之,必也狂狷③乎! 狂者进取,狷者有所不为也。

(《论语·子路》)

〈注释〉

①中行:中庸之道。不偏叫"中",不变叫"庸",儒家以中庸为最高的道德。

②与:交往、相交。

③狂狷(juàn):狂妄激进与保守。狂者勇于进取,狷者守节无为,两者都偏于一面,泛指偏激。狷,坚守己志,不屈从于人。

译文

找不到言行合乎中庸之道的人与之交往，就只能与狂狷之士交往了。狂者勇于进取，狷者守节知止。

邦有道，谷[①]；邦无道，谷，耻也。

（《论语·宪问》）

注释

①谷：谷物。古代以谷物为俸禄，故此指做官拿俸禄。

译文

国家有道，可以做官拿俸禄；国家无道，也去做官拿俸禄，这就是可耻。

士而怀居[①]，不足以[②]为[③]士矣。

（《论语·宪问》）

注释

①怀居：留恋安逸生活。怀，思念、怀恋。居，安居、家居。

②足以：值得、配得上。

③为：做、成为。

译文

作为士,如果留恋安逸生活,就不足以成为一个士了。

邦有道,危言危行①;邦无道,危行言孙②。

(《论语·宪问》)

注释

①危言危行:言行正直。危,正、端正。

②孙:同"逊",谦逊、恭顺。

译文

国家有道,要言行正直;国家无道,要行为正直,但说话要谦逊谨慎。

骥①不称②其力,称其德也。

(《论语·宪问》)

注释

①骥(jì):骏马、好马。古代称善跑的马为"骥"。

②称(chēng):称赞、赞美。

〈译文〉

骏马被赞美的不是它的气力，而是它的品德。

以直[1]报怨，以德报德。

（《论语·宪问》）

〈注释〉

①直：正直、公平。

〈译文〉

应以公平正直回报怨恨，以恩德报答恩德。

不怨天，不尤[1]人，下学而上达[2]。知我者其天乎！

（《论语·宪问》）

〈注释〉

①尤：指责、归罪。

②下学而上达：下学人事，人事有否有泰，故不尤人。上达天命，天命有穷有通，故不怨天。下学，学人事；上达，达天命。

〈译文〉

我不怨恨天，也不责怪人，我下学人事而上达天命。了解我的大概只有天吧！

贤者辟世[①]，其次辟地[②]，其次辟色[③]，其次辟言[④]。

（《论语·宪问》）

〈注释〉

①辟世：指逃避动荡的社会而隐居不仕。辟，同“避”，逃避、躲避。

②辟地：逃避是非之地到清静的地方去。

③辟色：躲避别人的脸色。

④辟言：避开难听的言语。

〈译文〉

贤明的人逃避乱世而隐居不仕，次一等的人逃避乱地而躲至清静的地方，再次一等的人躲避别人的脸色，更次一等的人则避开难听的话。

邦有道[①]，如矢[②]；邦无道，如矢。……

邦有道则仕，邦无道则可卷而怀之[3]。

（《论语·卫灵公》）

注释

①有道：指天下太平，政治清明。

②矢：箭。此处借以形容刚正不阿。

③卷而怀之：指不参与政事，隐居不仕。卷，弯曲成圆筒形。怀，包藏。

译文

[对于一个正直的人]国家政治清明，要刚直不阿；国家政治昏暗，也要刚直不阿。国家有道就出来做官，国家无道就隐居不仕。

人能弘[1]道，非道弘人。

（《论语·卫灵公》）

注释

①弘：扩大、广大。

译文

人能弘扬道，而道不能弘扬人。

道不同，不相为谋。

（《论语·卫灵公》）

〈译文〉

主张不同，就不在一起共事。

君子谋道①不谋食。耕也，馁②在其中矣；学也，禄③在其中矣。君子忧道不忧贫。

（《论语·卫灵公》）

〈注释〉

①谋道：指谋求学道、学业。

②馁（něi）：饥饿。

③禄：官吏的俸禄。

〈译文〉

君子谋求学道，不谋求衣食。耕田，有时也免不了饥饿；学道，却能做官得俸禄。所以，君子只担心学不到道，不担心贫穷。

君子学道则爱人，小人学道则易使也。

（《论语·阳货》）

〈译文〉

君子学习了礼乐的道理就会爱人，老百姓受到了礼乐的教化就容易治理。

乡原①，德之贼②也。

（《论语·阳货》）

〈注释〉

①乡原(yuàn)：乡里人多数认为他忠厚，等于说“好好先生”。原，同“愿”，忠厚。

②德之贼：道德的败坏者。

〈译文〉

乡原是道德的败坏者。

年四十而见恶①者，其终②也已③。

（《论语·阳货》）

〈注释〉

①见恶(wù)：被人厌恶。见，被。恶，讨厌、厌恶。

②终：终生、一辈子。

③已:止、完了。

译文

一个人若到了四十岁还令人厌恶,那么他这一辈子就算完了。

鸟兽不可与同群[①],吾非斯人之徒与而谁与[②]? 天下有道,丘不与易也[③]。

(《论语·微子》)

注释

①鸟兽不可与同群:即“不可与鸟兽同群”,这里孔子是说不能隐居山林,必须在社会中生活。

②吾非斯人之徒与而谁与:我们不是世上人群的一分子,又是谁呢? 斯人之徒,指世上人群。斯,这。徒,徒众。

③天下有道,丘不与易也:如果天下有道,我就不参与改革社会了。与,参与。易,更改。

译文

我们既然不能与鸟兽一起相处,那么我们不与世人打交道而跟谁打交道呢? 如果天下有道,我就不参与改革社会了。

不知命，无以为君子也。不知礼，无以立也。不知言[①]，无以知人也。

（《论语·尧曰》）

注释

①知言：指善于辨析别人言语的是非善恶。

译文

不了解天命，就无法做君子；不懂得礼制，就无法立足于社会；不会辨析别人的言语，就无法认识别人。

二人同心，其利[①]断金。同心之言，其臭[②]如兰。

（《周易·系辞上》）

注释

①利：锋利、锐利。

②臭（xiù）：气味。

译文

两个人若同心协力，犹如锐器可以截断金属般坚不可摧。心投意合的言谈，犹如兰草的清香沁人肺腑。

夫水，大遍[①]与诸生[②]而无为[③]也，似德。其流也埤[④]下，裾拘[⑤]必循其理，似义。其洸洸[⑥]乎不淈尽[⑦]，似道。若有决行[⑧]之，其应佚[⑨]若声响，其赴百仞之谷不惧，似勇。主量[⑩]必平，似法。盈不求概[⑪]，似正。淖约[⑫]微达[⑬]，似察。以出以入[⑭]，以就鲜洁[⑮]，似善化。其万折也必东，似志。是故君子见大水必观焉。

（《荀子·宥坐》）

注释

①遍：全面、普遍。

②诸生：诸种生物。

③无为：任其自然。

④埤(bēi)：通“卑”，低洼之处。

⑤裾(jū)拘：水流或直或曲的样子。裾，通“倨”，直。拘，曲折。

⑥洸(guāng)洸：汹涌貌。

⑦淈(qū)尽：干枯、竭尽。淈，通“屈”，竭尽。

⑧决行：决堤使流淌。

⑨佚：通“逸”。奔跑，此处谓水流之迅猛。

⑩主量：意为用水衡量土地是否平整。

⑪盈不求概：盈，满。概，量粟麦时用以刮平斛的器具，引申

为刮平、削平。

⑫淖(chuò)约:同“绰约”,柔弱的样子。

⑬微达:通达于细小之处,无所不到。

⑭以出以入:指万物皆沥于水。

⑮以就鲜洁:就,接近。鲜洁,清新洁净。

译文

水,涵养天下万物,出乎自然而不居功,类似美德。它流向低处,虽弯曲回折,但一定遵循此理,类似正义。它汹涌澎湃而无有止息,类似道行。若决堤使其流淌,它会一泻千里如同响之应声,奔赴万丈深谷而毫不畏惧,类似勇敢。用它来衡量土地是否平整肯定允当,类似法度。将它盛满于容器,不必刻意去削刮也会至平,类似公正。它貌似柔弱却又无所不达,类似明察。万物出入于它,会新鲜洁净,类似善为教化。它千曲百转,但必定流向东方,类似志向。所以,君子看见大水一定要驻足观赏。

道不远人。人之为道而远人,不可以为道。

(《礼记·中庸》)

译文

道并非远离世人。那些为得道而远离世人者,是不可

能得道的。

天下国家可均①也，爵禄可辞也，白刃②可蹈也，中庸不可能③也。

（《礼记·中庸》）

〈注释〉

①均：协调、平治。

②白刃：利刃，锋利的刀剑。此处代指战场。

③不可能：难以做到。

〈译文〉

国家大政可以和谐治理，高官厚禄可以毅然辞绝，危险敌阵可以勇敢杀入，中庸之道却不容易实行得很好。

人有三死而非命也者，自取之也。居处不理①，饮食不节，佚劳②过度者，病共杀之。居下而好干③上，嗜欲无厌，求索不止者，刑共杀之。少以敌众，弱以侮强，忿不量力者，兵共杀之。故有三死而非命也者，自取之也。

（韩婴《韩诗外传》卷一）

注释

①居处不理:居处、住所。不理,不清理、不打扫。

②佚劳:逸乐或劳累。

③干:冒犯。

译文

人有三种死亡与命运无关,是自己招致的:对住所不注意清洁,对饮食不加以节制,过度逸乐或劳累的,疾病就会来袭杀他;处于下位而好冒犯上司,贪得无厌,追名逐利而无休止的,这样刑律就会来惩杀他;以少拒多,以小凌大,不自量力而凭着意气做事的,兵器就会来杀害他。所以说,人有三种死亡与命运无关,而是咎由自取。

小辩[①]破[②]言,小利破义,小艺[③]破道;小见[④]不达[⑤],达必简[⑥]。

(《淮南子·泰族训》)

注释

①小辩:对有关小事的议论。

②破:损害。

③小艺:指小的技艺、技能。

④小见:指浅见、管孔之见。

⑤达:通达。

⑥简:简约、简单。

〈译文〉

拘于小事的辩白会损害言论的本意,追求蝇头小利会违背大义,沉溺于雕虫小技会忽略事物的规律;满足于管孔之见则会失于通达,若要通达必须简约。

物之难[①]矣,小大多少。各有怨恶,数[②]之理也。人而得之,在于外假[③]之也。

(刘向《说苑·复恩》)

〈注释〉

①难(nuò):茂盛的样子。

②数:规律、道理。

③假:借助。

〈译文〉

世间万物林林总总,小的大的多的少的,各有其对立的一面,这是必然规律。人能取得成功,就在于外借了这一规律。

不观于高岸,何以知颠坠[①]之患?不临于深渊,何以知没溺[②]之患?不观于海上,何以知风波之患?失之者其不在此乎?

(刘向《说苑·杂言》)

注释

①颠坠:跌落。

②没溺:沉没、落水。

译文

不站在高堤上观看,怎能知道跌落下去的危险?不临近深渊观看,怎能知道沉没下去的危险?不置身于浩瀚的大海上观看,怎能知道狂风恶浪的危险?失足的人不正是因此而失足的吗?

非其地而树之不生也,非其人而语之弗听也。得其人,如聚沙[①]而雨之;非其人,如聚聋而鼓之。

(刘向《说苑·杂言》)

注释

①聚沙:堆积的沙子。

〈译文〉

不是适宜的土壤,即使种上东西也不会生长;不是对的人,即使费尽口舌他也不会接受。得到对的人,与之讲话就像雨水洒进沙堆里,很容易吸收接纳;不是对的人,与之讲话就像对着一群聋子击鼓,他们根本就听不进去。

众言不逆,可谓知言矣;众向之,可谓知时矣。

(刘向《说苑·杂言》)

〈译文〉

不违背众意,可以称得上了解人心;知晓众人所向,可以称得上掌握天时。

不以生生死,不以死死生。死生有待[①]邪?皆有所一体。

(《庄子·知北游》)

〈注释〉

①待:依靠、扶持。

〈译文〉

不是为了生而死,也不是为了死而生。死和生是相因相依的吗? 是的,它们自成一体。